NAHID
SHAHALIMI

Wo Mut
die Seele
trägt

Wir Frauen
in Afghanistan

Ein Teil des Erlöses aus dem Verkauf dieses Buches wird gespendet
an UNICEF Deutschland e.V. zugunsten von Projekten
zur Bildung und Förderung von Mädchen in Afghanistan.
Spendenkonto: Bank für Sozialwirtschaft Köln
IBAN DE57 3702 0500 0000 3000 00
BIC BFSWDE33XXX

1. Auflage 2017
© Elisabeth Sandmann Verlag GmbH, München
ISBN 978-3-945543-16-0
Übersetzung: Dr. Maria Zettner,
Porträts Seite 20–25; 26–31; 102–107; 114–121 von Martin Bayer
Lektorat: Eva Römer
Gestaltung: Anna Schlecker
Herstellung: Peter Karg-Cordes, Jan Russok
Lithografie: Jan Russok
Druck und Bindung: Neografia, Martin

Besuchen Sie uns im Internet unter www.esverlag.de

Für das Kostbarste in meinem Leben:
meine Töchter Ila und Mina.

Für meine starke Mutter:
Zarghona.

Und für meine vorbildhaften Schwestern:
Zohra, Aisha und Freshta.

An die Leserinnen und Leser dieses Buches:
Streben Sie danach, andere zu inspirieren,
und leben Sie mit Leidenschaft!

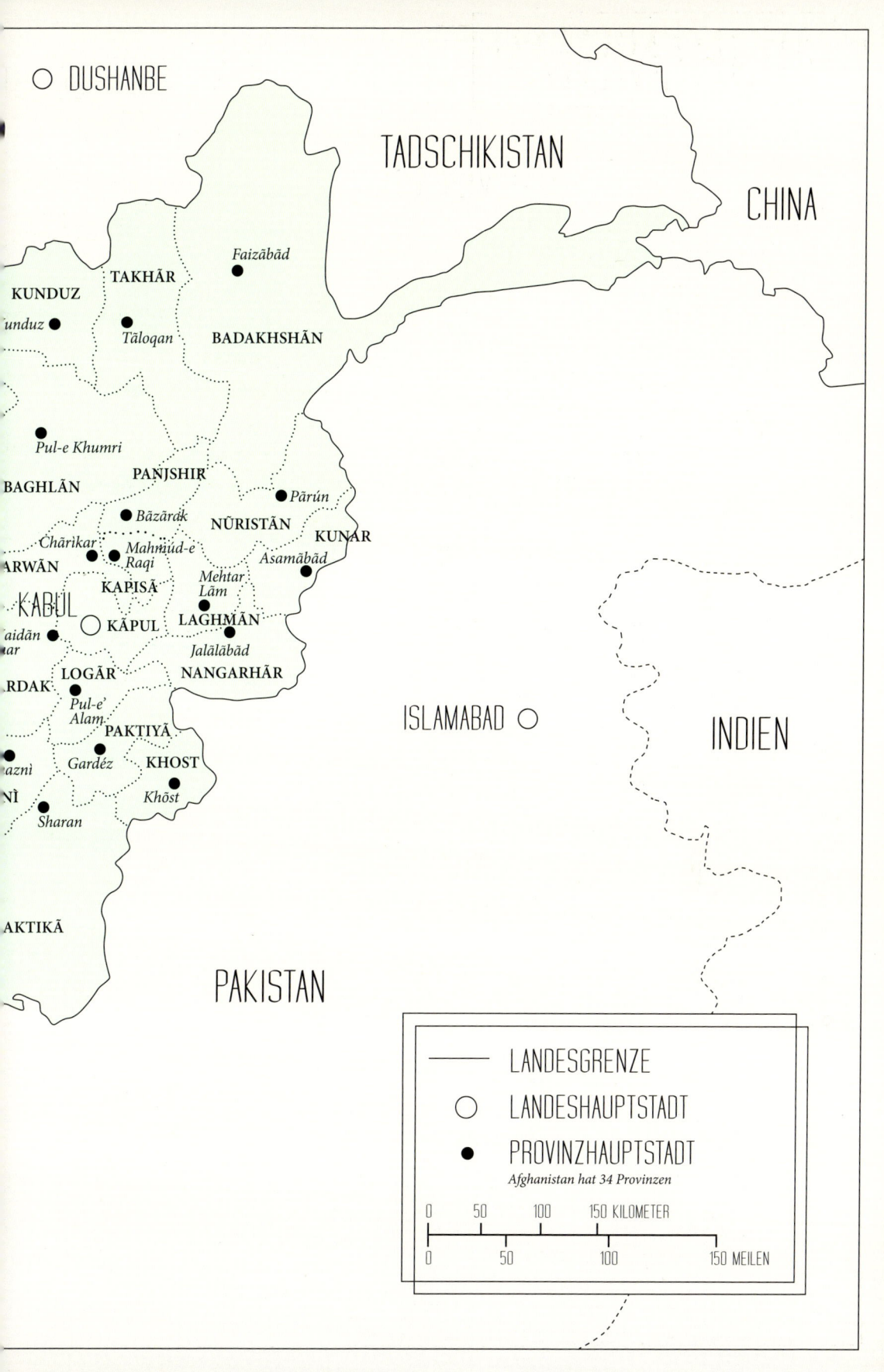

DUSHANBE

TADSCHIKISTAN

CHINA

Faizābād

TAKHĀR

KUNDUZ

unduz

Tāloqan

BADAKHSHĀN

Pul-e Khumri

PANJSHIR

Pārún

BAGHLĀN

Bāzārak

NŪRISTĀN

KUNAR

Chārikar

Mahmūd-e
Raqi

Asamābād

ARWĀN

Mehtar
Lām

KAPISĀ

KABUL

KĀPUL

LAGHMĀN

aidān
ar

Jalālābād

RDAK

LOGĀR

NANGARHĀR

ISLAMABAD

INDIEN

Pul-e'
Alam

PAKTIYĀ

azni

Gardéz

KHOST

NĪ

Khōst

Sharan

AKTIKĀ

PAKISTAN

LANDESGRENZE

LANDESHAUPTSTADT

PROVINZHAUPTSTADT

Afghanistan hat 34 Provinzen

| 0 | 50 | 100 | 150 KILOMETER |

| 0 | 50 | 100 | 150 MEILEN |

WO MUT DIE SEELE TRÄGT

Einleitung · Seite 8

AZIZA RAHIMZADA

Das Mädchen, das keine Grenzen kennt · Seite 20

FARKHUNDA MALIKZADA

Mögen alle afghanischen Farkhundas in Frieden ruhen · Seite 26

MURSAL

»Girl with a Guitar« – eine Musikschule als Ort der Hoffnung · Seite 32

KOMMANDANTIN KAFTAR »PIGEON«

Die legendäre Kriegerin · Seite 40

DR. SHARIFA YADGARI

Wenn die Seele krank ist – die verdrängte Volkskrankheit Afghanistans · Seite 50

MARYAM DURANI

Von Angst keine Spur · Seite 56

KAMILA SIDIQI

Eine echte Führungskraft und Unternehmerin · Seite 62

SHAIMA NOORI

Eine Pilotin als Symbol für die Rechte der Frauen · Seite 68

NEGIN KHPALWAK & ZARIFA ADIBA

Zwei Musikerinnen als Friedensbotschafterinnen · Seite 76

FATIMA GAILANI

Hilfe von Herzen · Seite 84

… SPORTLERINNEN IN AFGHANISTAN
Alles ist möglich durch Sport · Seite 90

FARKHUNDA ZAHRA NADERI
Der Tschaderi als mögliches Fenster zur Macht · Seite 98

SHAMSIA HASSANI
»Birds of No Nation« – die Graffiti-Künstlerin · Seite 102

ATIA ABAWI
Die stärksten Frauen der Welt · Seite 110

GENERALIN KHATOL
Frei und furchtlos wie ein Vogel · Seite 114

MARIAM SAFI
Repräsentantin des Wandels · Seite 122

LAILA HAMIDI
Aus der Welt der Burka zur Top-Stylistin · Seite 128

MANIZHA PAKTIN
Im Einsatz für afghanische Akademikerinnen · Seite 134

RUBABA MOHAMMADI
Nichts ist unmöglich · Seite 138

TOOBA MAYEL
Die Kraft der Hoffnung · Seite 144

WO MUT DIE SEELE TRÄGT

Nahid Shahalimi wurde in Afghanistan geboren, floh in den 1980er-Jahren mit ihrer Mutter und ihren drei Schwestern über Pakistan nach Kanada, studierte in Montreal unter anderem Bildende Kunst und Politik. Seit 2000 lebt sie mit ihren beiden Töchtern in München, wo sie als Künstlerin, Autorin und Aktivistin tätig ist. Sie ist national und international an vielen humanitären Projekten aktiv beteiligt.

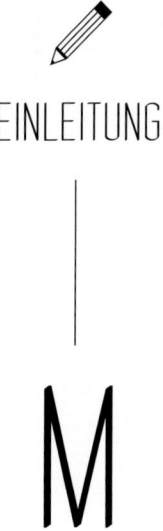

EINLEITUNG

M

ein Name ist Nahid Shahalimi. Geboren wurde ich in den 1970er-Jahren in Kabul, in Afghanistans, wie ich es nenne, »Goldenem Zeitalter«; in einer Zeit, die weit entfernt war von den niederschmetternden Bildern, die uns heute in den Medien von Afghanistan – und auch von afghanischen Frauen – vermittelt werden. Es war die Zeit der großen Visionäre, die das Land in eine neue Zukunft führen wollten und für eine liberalere Lebensweise eintraten. Dass Mädchen die Schule und die Universität besuchten und in beiden afghanischen Amtssprachen, Paschtu und Dari, lernten, war – gerade in den Städten – Normalität. Frauen waren im politischen und wirtschaftlichen Leben aktiv, sie arbeiteten als Lehrerinnen, Ärztinnen oder Wissenschaftlerinnen Seite an Seite mit ihren männlichen Kollegen – und das, ohne dem Zwang zu unterliegen, eine Burka beziehungsweise einen Tschaderi oder Schleier tragen zu müssen. Nur wer sie tragen wollte, tat es. In den Straßen der Hauptstadt Kabul war das damals aber ein seltener Anblick. Konservative Familien, in denen fast alle Frauen Tschaderi oder Schleier trugen, gab es schon immer häufiger auf dem Land. Trotzdem respektierten und akzeptierten die Bürger einander und lebten als Afghanen friedlich miteinander ungeachtet der Unterschiede ihrer Lebensweisen. Afghanistan war damals einer der einträchtigsten Vielvölkerstaaten der Welt. Innerhalb unserer Familien und Gemeinschaften lebten wir so, wie wir wollten; anders als heute, wo die ethnische Zugehörigkeit und erzwungene konservative Lebensweisen das Land spalten.

Im Jahr 2014 entschloss ich mich, dieses Buch zu schreiben, für das ich über zwei Jahre lang immer wieder in mein Heimatland reiste, auf der Suche nach

Private Feier im Kabul der 1970er-Jahre

inspirierenden afghanischen Frauen. Ich hatte das Gefühl, dass es in der westlichen Welt wenige Informationen, dafür aber viele Vorurteile über afghanische Frauen gab und dem wollte ich etwas entgegensetzen. Mit diesem Buch möchte ich den Frauen eine Stimme geben und sie als mutige, starke und vorbildhafte Persönlichkeiten Leserinnen und Lesern auf der ganzen Welt vorstellen. Am Anfang meiner Arbeit stand eine umfangreiche Recherche. Viele beeindruckende Lebenswege afghanischer Mädchen und Frauen wurden mir durch befreundete Journalisten, Bekannte oder Freunde meiner Familie nahegebracht, und auf manche stieß ich durch glückliche Zufälle. Alles ist in Afghanistan komplizierter als in einem anderen, sicheren Land, dazu gehören die oft beschwerlichen Reisen auf schlechten Straßen innerhalb des Landes; die Kontaktaufnahme zu den Frauen, die aus gutem Grund misstrauisch sind gegenüber Fremden; die ständige Bedrohung durch Attentate. Ich habe Interviews geführt mit Frauen aus allen Gesellschaftsschichten, Altersstufen und ethnischen Gruppen, die teilweise grundverschieden aufgewachsen waren. Alle ihre Geschichten verdienen es, erzählt zu werden, und sie sind der Beweis, dass es Hoffnung für eine bessere Zukunft gibt. Mit großer Beharrlichkeit sind sie, unglaublichen Widerständen und Todesdrohungen zum Trotz, ihren Weg gegangen – und haben damit auch anderen Frauen neue Möglichkeiten eröffnet und Wege geebnet, nicht nur in Afghanistan.

Um noch einmal auf das »Goldene Zeitalter« zurückzukommen: Der Schlüsselmoment, der den Untergang dieses Zeitalters einleitete, war der Sturz des letzten Königs von Afghanistan, Mohammed Zahir Schah (1914–2007, er regierte von 1933 bis 1973). Im Jahr 1973 wurde er von seinem Cousin Mohammed Daoud gestürzt, der seinerseits 1978 bei einem pro-kommunistischen, sowjetischen Putsch gestürzt und samt seiner Familie getötet wurde. Im Dezember 1979 marschierte die sowjetische Armee in Afghanistan ein, setzte eine kommunistische Regierung ein und verstrickte sich in einen Krieg mit einer Allianz aus verschiedenen politischen Lagern der Mudschaheddin, religiösen Freiheitskämpfern. Dieses Ereignis veränderte für immer das Leben jedes einzelnen Afghanen, überall auf der Welt, bis heute. Das Land rutschte in eine verheerende Abfolge von Kriegen, die seitdem die Infrastruktur des Landes fast vollständig zerstört haben. Erst kamen die Sowjets (1979 bis 1989), dann folgte ein entsetzlicher Bürgerkrieg, worauf die Taliban mit aller Gewalt erstarkten und 1995/96 einen kompromisslosen, von Pakistan und Saudi Arabien geförderten Islamismus einführten. Von 2001 bis 2014 war schließlich die von der NATO geführte ISAF (International Security Assistance Force) im Land, anfangs, um für Sicherheit zu sorgen und die wichtigsten Regierungsbehörden wiedereinzusetzen, später engagierte sie sich dann auch im Kampf gegen den Taliban-Aufstand. In einigen internationalen Medien wurde dies die »US-geführte Invasion Afghanistans« genannt, durch die die Herrschaft der Taliban zu Fall gebracht wurde. Heute unterstützt die Nachfolgemission der ISAF, RS (Resolute Support), die afghanischen Sicherheitskräfte in der Ausbildung. Von vielen renommierten internationalen Organisationen wird Afghanistan als eines der gefährlichsten Länder der Welt eingestuft, besonders für Frauen.

Zwölf Jahre meiner Kindheit habe ich in Afghanistan verbracht und diese Jahre als eine wundervolle Zeit empfunden. Mit meinen drei Schwestern und meinen Eltern führte ich in einer Villa mit 37 Zimmern auf einem vier Hektar großen Grundstück im Nobelviertel Kart-e-Char von Kabul das Leben einer Prinzessin. Mein Vater Abdul Hakim Shahalimi, mehrfacher Minister, Gouverneur und Botschafter, war eine hoch geachtete politische Persönlichkeit, bevor er sich Ende der 1960er-Jahre aus dem aktiven politischen Leben zurückzog. Doch sein Rat wurde auch danach noch von hochrangigen afghanischen Politikern und Wirtschaftsführern gesucht. Obwohl meine Mutter in einer arrangierten Ehe mit meinem Vater verheiratet wurde und der Altersunterschied enorm

In den Armen meiner Mutter an meinem 1. Geburtstag, Kabul, 1974

1954, Bauphase der Tangi Gharu-Gebirgsstraße: der deutsche Ingenieur für Straßenbau Hans Deleré (rechts), mein Vater Abdul Hakim Shahalimi, damals Arbeitsminister (5. von rechts) und Verteidigungsminister General Aref (links daneben)

war, war er in den elf Jahren, die meine Eltern miteinander verbrachten, ein wunderbarer Ehemann und ein noch besserer Vater. Er war unser ein und alles. Gleichsam über Nacht veränderte sich unser Leben von Grund auf, als mein Vater 1981 starb, nachdem die kommunistische Regierung jener Zeit ihm die Ausreise verweigert hatte, um im Ausland die notwendige Operation vornehmen zu lassen. Er starb nach einer Operation durch russische Ärzte. Diese verwiesen zwar auf sein Alter und seine schlechte gesundheitliche Verfassung, doch um seinen Tod wurde eine große Heimlichtuerei gemacht. Sein Tod war der traurigste Tag meines Lebens, und er hinterließ eine Lücke in meinem Herzen, die ich auch als Erwachsene noch nicht habe füllen können. Afghanistan hat an jenem Tag einen großen Visionär verloren, und das Leben wurde zur Hölle auf Erden für seine junge Witwe, meine willensstarke Mutter, damals erst 26, und ihre vier kleinen Kinder. Unser schlimmster Feind war das beträchtliche Vermögen, das uns unser Vater hinterließ und das nach und nach geplündert und gestohlen wurde, zuerst von einigen Verwandten und dann von jeder einflussreichen Kraft, die während der nächsten drei Jahrzehnte in Afghanistan an die Macht kam. Nach dem Tod meines Vaters stürmten jeden Tag nahe Verwandte in unser prächtiges Haus, verlangten von meiner Mutter Geld und andere Wertgegenstände und behaupteten, dass es ihnen rechtmäßig zustand. Und wenn diese Leute der damaligen kommunistischen Regierung angehörten, dann nahmen sie sich einfach, worauf sie Lust hatten. Sie haben uns buchstäblich alles weggenommen. Kurz darauf wurde meine Mutter von Drohanrufen heimgesucht, die ihr mit Entführung, Vergewaltigung und dem Verkauf ihrer vier kleinen Töchter an Warlords drohten. Meine Mutter beschloss daraufhin, das Land zu verlassen. Trotz ihres Reichtums war ihr Leben nichts mehr wert – jetzt, wo sie den weißen Schal trug, der sie als Witwe auswies. Mit der Unterstützung meiner Großeltern mütterlicherseits verließ sie das Land – mit nichts als ihrem wertvollsten Besitz an der Hand, ihren vier kleinen Töchtern.

Wir gingen zu Fuß in Richtung Pakistan, nur mit den Kleidern, die wir am Leib trugen, und ohne Essen und Wasser. Einerseits verließen wir Afghanistan wegen des Krieges, der mit jedem Tag näher an Kabul heranrückte, hauptsächlich aber flohen wir, weil der Wohlstand und unser Geschlecht für uns zum Fluch geworden waren.

Das Leben wurde hart. Meine Onkel, die Brüder meiner Mutter, hatten Afghanistan aufgrund von Drohungen und der unsicheren Lage schon vor längerer Zeit verlassen, denn junge Männer wurden in der afghanisch-sowjetischen Armee zum Kampf an vorderster Front gezwungen. Sie lebten in Deutschland und Kanada und griffen uns sofort finanziell unter die Arme, obwohl sie noch an verschiedenen Universitäten studierten. Schon ein paar Wochen nach unserer Ankunft in Pakistan begann meine Mutter, Kleider und Hüte zu nähen und an unsere Nachbarn zu verkaufen, damit wir über die Runden kamen, hauptsächlich aber, damit sie einen Privatlehrer für uns vier einstellen konnte, der uns zu Hause in Englisch und Mathematik unterrichtete. Bildung war immer das Allerwichtigste, nicht nur in unserer Familie, sondern auch bei vielen unserer afghanischen Bekannten innerhalb und außerhalb des Landes. Ich weiß noch, dass ich unsere Zeit in Islamabad regelrecht gehasst habe. Die Lebensbedingungen waren entsetzlich, meilenweit entfernt von dem, woran wir in unserem Zuhause in Kabul mit all unseren Angestellten an Annehmlichkeiten gewohnt waren. Wir mussten riesige Schleier tragen, die fast unseren ganzen Körper bedeckten, und wir verließen unser gemietetes Zweizimmer-Apartment so gut wie nie. Schließlich halfen uns unsere Onkel, einen Einreiseantrag für Kanada zu stellen. Wir hatten gute Aussichten, denn die Morddrohungen machten ein Leben in Afghanistan und selbst in Pakistan für uns unmöglich. Schließlich bekamen wir die Einwanderungserlaubnis nach Kanada und nach weniger als einem Jahr kamen wir 1986 in meinem wunderschönen zweiten Zuhause, Montreal, an. Als wir an einem frostigen Dezembertag dort landeten, war ich einerseits so glücklich, das furcht-

Das letzte gemeinsame Foto von mir und meinem Vater, Ende der 1970er-Jahre

Dieses Passfoto von mir, noch in Islamabad entstanden, wurde das Foto meines ersten offiziellen Dokuments in Kanada, in dem als Staatsangehörigkeit »staatenlos« eingetragen wurde.

bare Leben in Pakistan hinter mir zu wissen, doch auf dem ersten Blatt Papier, das man uns überreichte, stand zu lesen: »staatenlos«. Ich weiß noch, dass ich lange auf den roten Stempel auf meinen Einreisepapieren gestarrt habe. Zum ersten Mal in meinem Leben fühlte ich mich: staatenlos.

Trotz der gemischten Gefühle stellte sich das neue Leben für mich als Zwölfjährige überaus aufregend dar. Soeben hatte sich die Tür zu etwas Neuem, Abenteuerlichem geöffnet und die Bedeutung des Wortes »staatenlos« trat schnell in den Hintergrund. Die unglaubliche Stärke meiner Mutter und ihr unbedingter Wille, für das Überleben ihrer Familie zu kämpfen, hatten uns sicher nach Kanada gebracht. Sie wurde für uns Vater und Mutter in einem, unsere Freundin, unsere Richtschnur, alles zugleich. Wir gingen sogar mit ihr aufs gleiche College, und ihre unglaubliche Leidenschaft fürs Lernen spornte meine Schwestern und mich noch weiter an. Sie ist bis heute meine größte Inspirationsquelle und Heldin, und ich suche an jedem wichtigen Punkt in meinem Leben ihren Rat. Ihr Optimismus ist ansteckend, ebenso wie ihr unbedingter Wille, niemals aufzugeben. Kanada gab uns eine zweite Chance. Meine Schwestern und ich wurden gleich in ein Eingliederungsprogramm aufgenommen, eins der besten der Welt. Und meine Mutter fing ebenfalls schon ein paar Wochen nach unserer Ankunft an einer sprach- und berufsbildenden Schule zur Eingliederung Erwachsener an. Nach meinem Abschluss an der Highschool in Französisch verfolgte ich meine akademische Laufbahn weiter auf einem englischsprachigen College für Bildende Künste und danach an der Concordia University in Montreal, wo ich Internationale Politik und Südostasienstudien belegte mit besonderem Schwerpunkt auf Menschenrechten. Während meines Studiums trieb ich viel Sport, vor allem galt meine Leidenschaft dem Volleyball. Später spielte ich auch professionell und repräsentierte Kanada bei der FIVB Beachvolleyball-World Tour.

Sport hat schon in meiner frühen Kindheit eine große Rolle gespielt. Meine Onkel waren, noch im »Goldenen Zeitalter«, in der Fußballnationalmannschaft der Junioren. Ein anderer Onkel war afghanischer Tischtennismeister. Eine meiner Tanten war eine sehr talentierte Basketballspielerin, spielte ebenfalls Tischtennis und liebte Karate. Eine andere war leidenschaftliche Badmintonspielerin. Ich erinnere mich noch an die abschätzigen Kommentare von einigen Verwandten und Nachbarn, weil es den weiblichen Mitgliedern unserer Familie erlaubt war, sich sportlich zu betätigen. Aber mein Großvater war eben ein weiterer Visionär in unserer Familie, und er trieb seine Töchter an, in allem, was sie machten, die Besten zu sein, mehr noch als seine Söhne, meine Onkel. Was mich persönlich betrifft, so hat der Sport entscheidenden Einfluss auf mein Leben genommen. Durch meine Leidenschaft für den Sport habe ich Dinge gelernt, die mir kein akademischer Grad jemals vermitteln konnte. Sport hat mir Stärke, Selbstvertrauen, Zuversicht und Freiheit geschenkt, und wenn ich heute in Afghanistan Mädchen und Frauen auf Fahrrädern oder Skateboards sehe, strahlen auch sie eine Aura der Hoffnung und der Freiheit aus. Ich weiß genau, dass sie sich in diesen kurzen Augenblicken vollkommen frei fühlen. Jede Einzelne von ihnen hat durch den Sport zu sich selbst gefunden und er hat ihrem Leben in diesem kriegsgeschundenen Land eine ganz neue Richtung gegeben. Jede sportliche Betätigung kann aber auch lebensgefährlich sein, denn immer noch wird Frauensport in Afghanistan nicht gern gesehen.

Die Bildungschancen für Frauen, die aus fortschrittlichen Familien stammen, verbessern sich in den großen Städten stetig – laut USAID (*United States Agency for International Development*) waren in Afghanistan im Jahr 2002 noch »Frauen und Mädchen beinahe vollständig von Bildungsangeboten ausgenommen« und bis heute wurden »mehr als 16 000 Schulen gebaut, mehr als 154 000 Lehrer ausgebildet und eingestellt und die Einschulungsquote für schulpflichtige Kinder auf nahezu 60 Prozent erhöht«, es sind »über 9 Millionen Schüler in Schulen ge-

Sport und kurzärmelige Kleidung für Frauen als Selbstverständlichkeit: das Volleyballteam der Kandahar Zarghona Anna School, 1965

Musikerinnen des Zohra Orchesters

meldet, 40 Prozent davon Mädchen«. Die Frauen auf dem Land und in entlegenen Gebieten bleiben allerdings nach wie vor vom Bildungssystem abgeschnitten und viele sind zudem Opfer reaktionärer Bräuche und Traditionen. Brautgeld, Kinderehe und Tauschheiraten werden weiterhin praktiziert. Diese Traditionen sind nicht nur unmenschlich, sie haben auch verheerende Auswirkungen auf die psychologische Entwicklung junger Mädchen und auf die afghanischen Gemeinschaften im Allgemeinen. Tatsache ist, dass in Afghanistan die meisten Frauen jahrzehntelang ans Haus gefesselt sind, oft ohne jegliche Ausbildung. Manche sind extremer Gewalt und Unterdrückung ausgesetzt oder werden sogar ermordet. Trotz der oben beschriebenen Verbesserungen machen es die niedrige Alphabetisierungsrate und die instabile Sicherheitslage im Land äußerst schwierig, innerhalb der Gemeinschaften das Bewusstsein für Bildung und Bildung selbst zu fördern, die Grundvoraussetzungen für eine bessere Zukunft in Afghanistan, besonders für die Frauen dort.

Dennoch bin ich in Afghanistan sehr vielen Frauen begegnet, die in ihrem Land mutig und unerschrocken ihre Ziele verfolgen und die ausgesprochene Visionärinnen sind. Dieses Buch möchte ein neues Licht auf die Persönlichkeiten einiger afghanischer Frauen und ihre Situation werfen, vor allem aber möchte es die andere Seite des mitunter so einseitigen Opferbildes zeigen, das so oft in den Medien gezeichnet wird. Unglaubliche Widerstandskraft, große Leistungen und noch größere Träume sind die Kräfte, die bei jeder einzelnen dieser afghanischen Frauen durchscheinen. Sie alle sagen: Wir wollen Afghanistan nicht verlassen. Es ist unsere Heimat, und wir werden das Land gemeinsam gestärkt wiederaufbauen.

Ich habe auf dieser Reise die ersten afghanischen Dirigentinnen betroffen, Negin Khpalwak und Zarifa Adiba, beide unter zwanzig, die dem Frauen-Orchester *Zohra* vorstehen, einem der ersten rein weiblich besetzten Orchester der Welt, die sogar schon in der renommierten Carnegie Hall in New York aufgetreten sind. Man darf nicht vergessen, dass noch vor fünfzehn Jahren, während der Taliban-Herrschaft, Musik vollständig verboten war. Zarifa sagt: »Vor den Problemen wegzulaufen, wird sie nicht lösen. Wir haben eine Verantwortung, dieses Land wiederaufzubauen. Afghanen dürfen Afghanistan nicht für eine bessere Zukunft woanders verlassen. Auf diese Weise würde es keinen Wiederaufbau geben. Selbst wenn uns das das Leben kosten sollte, sind wir dazu bereit, es geht schließlich um unsere Heimat.« Ich traf Shamsia Hassani, Afghanistans erste weibliche 3-D-Graffiti-Künstlerin, die heute an der Fakultät der Bildenden Künste der Universität Kabul lehrt und die mit ihrer Kunst inzwischen weltweit bekannt und erfolgreich ist. Mit der jungen Militärpilotin Shaima Noori sprach ich trotz vieler Stolpersteine, die man uns während unseres Interviews in den Weg zu legen versuchte, über Frauen bei der afghanischen Armee. Um die zu ihrer Zeit einzige weibliche afghanische Befehlshaberin, die über 70-jährige Kommandantin Kaftar, zu treffen, reiste ich über Masar-e Scharif in den äußersten Norden des Landes, wo beständig Krieg herrscht. Kaftar hat sich Ansehen im ganzen Land erworben, und sie führt noch immer eine Armee von Männern an. Allen diesen starken Frauen, die ich für dieses Buch interviewte, ist gemein – ob Künstlerin, Unternehmerin, Ingenieurin, Ärztin, Politikerin oder Aktivistin –, dass sie sich vorbildhaft und allen Widerständen zum Trotz für alle Afghanen einsetzen.

Oft bin ich, nachdem ich mehrere Interviews vereinbart hatte, nach Afghanistan geflogen und musste aufgrund von Anschlägen meine Interviews wieder absagen oder auf die nächste Reise verschieben. Ich habe auch bei einigen der interviewten Frauen später noch einmal wegen zusätzlicher Informationen nachgefragt, konnte sie manches Mal aber nicht mehr erreichen. In ein paar Fällen weiß ich nicht einmal, ob sie überhaupt noch am Leben sind. Niemand weiß, wo sie sich inzwischen aufhalten. Daher habe ich in diesem Buch bewusst bestimmte Angaben ausgespart, die das Leben der Frauen, die mir so mutig und loyal Rede

Auf der »Brücke der Freunschaft« an der Grenze zu Usbekistan, 2014

Mit meiner Mutter Zarghona (rechts) im Jahr 2015

und Antwort gestanden und mir ihre Geschichte erzählt haben, gefährden könnten.

Fast vier Jahrzehnte des Krieges und der Gewalt haben Afghanistan mit extremer Armut und Instabilität geschlagen und seine Menschen traumatisiert. Anschläge, Entführungen und Morde sind in den größeren Städten allgegenwärtige Gefahr, und ein falsches Wort, eine falsche Geste, die falsche Logistik, ja selbst die falsche Kleidung können die Art der Aufmerksamkeit erregen, die einen als Afghanistan-Reisenden in eine äußerst prekäre Lage bringen kann. Während meiner Reisen bleiben meine Pläne, Logistik und Reiserouten immer streng geheim. Es ist sicherer, wenn niemand weiß, wo man gerade ist, ganz besonders für eine Frau, die wie ich ein europäisches Aussehen hat. Es herrscht ein ungeschriebenes Gesetz, dass niemand bekanntgibt, wo er sich wann in Afghanistan aufhält und mit wem er sich trifft. Glücklicherweise habe ich in Afghanistan einen großen Kreis von Familienangehörigen, Freunden und Kollegen, die mich unterstützen und auf die ich mich verlassen kann. In der Anfangsphase meiner Reisen fuhr ich noch in einem gepanzerten Auto und mit Sicherheitsleuten durch die Gegend. Doch bald stellte ich fest, dass das Auto eine Zielscheibe war. Ich musste jemand Wichtiges sein, wenn ich mit so einem Schutz durch die Stadt fuhr. Also änderte ich meine Strategie und passte mich den Einheimischen an. Das machte alles viel einfacher. Offen über die Straße kann ich allerdings immer noch nicht gehen, denn da merken die Leute, dass ich eine »Ausländerin« bin. So nennt man mich manchmal in meinem eigenen Land. Was mich aber jedes Mal, wenn ich in meine alte Heimat reise, unglaublich berührt, ist die herzliche Gastfreundschaft, eine Eigenschaft, für die Afghanen auf der ganzen Welt bekannt sind. Ein Gast wird behandelt wie ein König; selbst die ärmsten Familien servieren ihren Gästen alles Essen, das sie besitzen, auch wenn sie selbst dann nichts mehr zu essen haben. Diese Geste hat mich auf meinen Reisen bei vielen Gelegenheiten zu Tränen gerührt.

Während meiner Aufenthalte hat es Augenblicke gegeben, in denen ich nur durch einen glücklichen Zufall dem Tod entkommen bin. Am 11. Dezember 2014 war ich zum Beispiel zu einer Veranstaltung des Institut Français in Kabul eingeladen. Einen Tag davor bekam ich dann aber die Bestätigung für ein Interview mit Maryam Durani, der Frau, die in Kandahar, einer Hochburg der Taliban im Süden Afghanistans, das erste Internetcafé für Frauen eröffnet hat. Ich musste meinen Besuch der Veranstaltung in Kabul also absagen und flog nach Kandahar – und entging auf diese Weise dem Selbstmordanschlag eines Attentäters, der sich im Institut Français in die Luft sprengte, mehrere Menschen mit sich in den Tod riss und andere verletzte. Lebensbedrohliche Situationen wie diese sind heutzutage überall in Afghanistan an der Tagesordnung.

Regelmäßig sehe ich mir mit meinen beiden Töchtern Fotos aus Afghanistan an und erzähle ihnen Geschichten aus meiner Kindheit. Oft können sie es kaum glauben, wenn sie die fröhlichen Bilder von früher sehen, die wir mit der Kamera festgehalten haben. Das satte Grün des riesigen Gartens bei uns zu Hause in Kabul oder die kurzärmligen modernen Kleider, die wir damals trugen. Die lachenden Gesichter und die friedliche Atmosphäre machen sie immer sprachlos. Sie sagen mir häufig, wie sehr sie sich wünschten, dieses Afghanistan kennenzulernen.

Heutzutage sehnen sich alle in Afghanistan nach Frieden, Freiheit und vor allem nach Respekt, besonders Frauen gegenüber. Unterstützung, Stärkung und Bildung von Frauen in allen Bereichen des Lebens ist zweifelsohne von größter Bedeutung. Doch sollten wir nicht den Fehler begehen, die Männer auszunehmen: Männer und Jungen müssen lernen, Mädchen und Frauen zu respektieren. Es reicht nicht aus, seinen Töchtern beizubringen, wie sie Zudringlichkeiten abwehren können, auch die Söhne müssen so erzogen werden, dass sie Respekt zeigen und Mädchen und Frauen nicht zu nahe treten dürfen. Für Frauenrechte und Respekt einzutreten, ist mein erklärtes Ziel. Ohne Respekt wird es niemals Gleichberechtigung geben – das gilt für Afghanistan wie für die ganze Welt.

Respekt ist ein Zeichen der Hoffnung, nach dem sich auch jede einzelne der Frauen in diesem Buch sehnt, für das sie kämpfen – und für das sie sogar mit ihrem Leben eintreten würden. Sie halten diese Hoffnung aufrecht und sind dadurch Vorbild für Frauen überall auf der Welt. Sie alle sind engagiert, sie wissen genau, was sie wollen, sie geben nicht auf. Sie sind inspirierend, so wie meine Mutter.

Auch wenn die einzelnen kurzen Porträts in diesem Buch niemals dem Wirken und den Persönlichkeiten dieser Frauen gerecht werden können, möchte ich dennoch versuchen, die Tür zu ihrem Leben einen Spalt breit zu öffnen in der Hoffnung, dass ich damit die begeistern und inspirieren kann, die ihre unglaublichen Geschichten lesen – Geschichten, in denen Mut die Seele trägt.

AZIZA RAHIMZADA

>»Ich bin schon immer begierig auf Lernen, Wissen und persönliche Weiter-
entwicklung gewesen. Nachdem ich den Bericht über Malala Yousafzai
gesehen hatte, nahmen meine Träume Gestalt an, und ich war um tausend
Prozent motivierter. Ich weiß jetzt, dass ich alle meine Ziele erreichen kann.
Daran habe ich überhaupt keinen Zweifel mehr.«
>Aziza Rahimzada

DAS MÄDCHEN,
DAS KEINE GRENZEN KENNT

E

s war ziemlich schwierig, Aziza Rahimzada ausfindig zu machen. Ich hatte durch Videos der internationalen Medien im Internet von ihr erfahren. Oft zeigten sie eine zierliche Jugendliche, die auf dem Boden einer Lehmhütte in einem Kabuler Flüchtlingslager saß und gewandt und voller Selbstvertrauen in die Kamera sprach. Dieses junge Mädchen schien mit seinen fünfzehn Jahren bereits mehr vollbracht zu haben, als die meisten Erwachsenen nach einem sehr viel längeren Leben sich nur erhoffen können. Ihr entschlossenes Auftreten und ihre kraftvolle Stimme faszinierten mich. Nach wochenlangen Recherchen hörte ich schließlich Gerüchte, sie müsse sich verstecken und sei untergetaucht. Anscheinend war sie aus ihrer unmittelbaren Umgebung bedroht worden; sie solle sich von den internationalen Medien fernhalten und ihre Arbeit einstellen.

Da ich das Wort »aufgeben« nicht kenne, suchte ich hartnäckig weiter und nutzte alle Quellen, die mir zur Verfügung stehen – meine Bekannten unter den afghanischen Journalisten, in Kabul ansässige Ausländer und meine internationalen Medienkontakte. Endlich fand ich eine afghanische Journalistin, die Azizas aktuelle Adresse kannte, und Aziza erklärte sich tatsächlich bereit, mir ein Interview zu geben.

Aziza wurde 2001 geboren. Seit sie zehn ist kämpft sie für die Verbesserung der erbärmlichen Lebensbedingungen von Flüchtlingskindern und fordert heute entsprechende Maßnahmen von der afghanischen Regierung. Ihre Familie zählt zu den 900 000 Inlandsflüchtlingen in Afghanistan und lebt jetzt im größten Flüchtlingslager des Landes im Kabuler Viertel Kart-e-Now, gegenüber der berühmten Coca-Cola-Fabrik. Aziza brachte eine Gruppe Kinder dazu, bei den Behörden und später vor dem afghanischen Parlament darauf zu drängen, dass 25 000 Flüchtlingskinder aus diesem Lager auch ohne Identitätsnachweis zur Schule gehen dürfen; die Regierung gab schließlich nach.

In dieser Gegend Kabuls war ich noch nie gewesen. Ich kam am berühmten Grabmal Mohammed Zahir Schahs vorbei, das schon von Weitem zu sehen ist und auf einem der vielen Hügel Kabuls liegt. Dort wurde der letzte König von Afghanistan neben seinem Vater Mohammed Nadir Shah begraben. Ganz in der Nähe erstreckte sich eine riesige Ansammlung Lehmhütten. Das war das Flüchtlingslager, in dem Aziza Rahimzadas Familie Unterkunft gefunden hatte. Als wir auf schmalen unbefestigten Wegen zwischen den Hütten hindurchfuhren, passierten wir Märkte, Verkaufsstände und Läden; hier war eine richtige kleine Stadt innerhalb Kabuls entstanden. Wir drangen immer tiefer in das ausgedehnte Areal des Lagers vor, und ich wurde langsam nervös. Misstrauisch starrten die Bewohner in unser Auto. Sie hielten mich offensichtlich für eine Ausländerin, wahrscheinlich eine Journalistin, obwohl ich bewusst ein nicht gepanzertes Auto gewählt hatte – ein kugelsicheres hätte hier nur noch mehr Aufmerksamkeit auf sich gezogen. Ich wusste, dass ich hier nicht zu lange bleiben durfte; das Interview würde schnell gehen müssen. In solchen Gegenden Afghanistans kann es binnen Minuten aus nichtigem Anlass zu gewalttätigen Ausbrüchen kommen. Polizei und Armee wagen sich kaum hierher, und Ausländer schon gar nicht. Dazu kommt noch, dass Auslandsafghanen, besonders, wenn sie einen europäischen oder nordamerikanischen Pass haben, in Afghanistan generell als maßlos reich und damit als lohnende Entführungsopfer gelten. Lösegelderpressungen sind heute so alltäglich geworden, dass sie für Ausländer und heimkehrende Exilafghanen ein viel größeres Risiko als ein Anschlag von Taliban oder IS-Terroristen sind.

Aziza kam uns auf der Straße entgegen und zeigte uns durch das Labyrinth aus Hütten den Weg zu ihrer Familie. Sie sah genauso wie in ihren Videos aus und sprach zurückhaltend und sehr höflich. Ich bat Haji Sahib, einen Freund der Familie, der am Steuer gesessen hatte, während des Interviews an der Tür zu wachen, den Wagen im Auge zu behalten und mich zu warnen, falls sich etwas zusammenbraute. Wir gingen zu einer kleinen Hütte hinüber, vor deren winzigem Eingangsloch eine Art Teich anscheinend mit Lehm gefüllt war. Aus dem Nichts erschienen mehrere Kinder und begrüßten mich strahlend. In dem Teich stand wirklich mit Wasser angerührter Lehm – Baumaterial, aus dem gerade eine weitere Wand entstand. Azizas ältere Schwester Fazila begrüßte mich freundlich und servierte selbstgemachte Limonade, Tee, Gebäck und eine Schale mit einer aufgeschnittenen Wassermelone, deren Duft das graublaue, kleine, aber sehr saubere Zimmer erfüllte. Der Raum, höchstens neun Quadratmeter groß, diente der siebenköpfigen Familie – Mutter, Vater, einem Bruder und vier Schwestern Azizas – als Wohn-, Schlaf- und Esszimmer. Die afghanische

Gastfreundschaft begeistert mich immer wieder aufs Neue. Sie ist ein so schöner Aspekt unserer Kultur, und ich bin sehr stolz darauf.

Aziza schien, als sie mir jetzt ein Glas Limonade einschenkte, wie alle anderen afghanischen Mädchen zurückhaltend, um den Gast bemüht, wohlerzogen und völlig in die Welt der Erwachsenen integriert. Aber ihr Engagement gilt ganz dem Wohl der Kinder.

»Als Kinder haben wir es in diesem Lager sehr schwer. Deshalb habe ich mich entschlossen, den Kindern hier alles beizubringen, was ich in der Schule gelernt habe, seit ich zehn Jahre alt war, denn nur mit Schulbildung hat man eine Chance im Leben«, sagt Aziza.

Laut einer Erhebung der Vereinten Nationen aus dem Jahr 2015 haben die Jahrzehnte extremer Armut durch die ununterbrochene Abfolge von Kriegen und Bürgerkriegen in Afghanistan die Kinder besonders schwer getroffen. Weniger als 60 Prozent aller Kinder besuchen die Grundschule, weniger als 35 Prozent eine weiterfüh-

Im Gespräch mit der Kinderrechtsaktivistin Aziza Rahimzada (rechts)

rende. Viele haben nicht einmal sauberes Wasser, ausreichende Ernährung und ein Dach über dem Kopf. Laut Schätzung der UN sind drei Viertel aller Kinder in Afghanistan auf die eine oder andere Weise traumatisiert.

Azizas Familie floh vor nahezu zwanzig Jahren aus ihrer vom Krieg heimgesuchten Heimatprovinz Parwan nördlich Kabuls, bekannt durch den US-Militärflughafen Bagram, in dieses Lager. Hier kämpfte Aziza bei der Regierung erfolgreich um die Verlegung von Wasserleitungen, sammelte Spenden, damit auch mittellose Eltern ihren Kindern Schulmaterial kaufen konnten, und ist vor allem ständig im Gespräch mit den Ältesten der Gemeinschaft, um sich für das Recht der Kinder auf Schulbesuch und eine offene Diskussion ihrer schwierigen Lage einzusetzen.

»Ich werde nie aufhören, mich für die afghanischen Kinder einzusetzen, solange ihre Rechte hier ständig missachtet werden«, erklärt Aziza. »Wir haben einen

Kinderrat hier im Lager gegründet, in dem sich einmal jährlich alle Kinder treffen, um über ihre Probleme zu sprechen – genau wie im Ältestenrat. Den Ältesten trage ich dann vor, was mir die Kinder anvertraut haben. Ich wende mich auch direkt an die Behörden und schlage Lösungen vor. Es ist sehr wichtig, mit allen Beteiligten ständig im Gespräch zu bleiben«, meint sie.

Bei manchen ausländischen Journalisten heißt das Mädchen inzwischen »die afghanische Malala«. Aziza sagt allerdings, dass ein Fernsehbericht über die pakistanische Kinderrechtsaktivistin Malala, den sie gesehen hat, sie zwar bis heute sehr inspiriere und motiviere, »aber ich bin eben Aziza und befasse mich mit dem, was mir persönlich wichtig ist. Ich ahme niemanden nach, auch wenn Vorbilder und Lehrer sehr wichtig sind. Es heißt immer, nur ein Erwachsener könne die Probleme von Erwachsenen verstehen. Das heißt aber auch, dass nur ein Kind die Probleme von Kindern versteht.«

Zusätzlich ist Aziza noch führend an zwei Kindervereinen des sogenannten *Mini Mobile Circus for Children in Afghanistan* (MMCC) beteiligt. Sie besucht oft Familien, die ihren Töchtern die Teilnahme an den Aktivitäten des Zirkus verbieten, um sie davon zu überzeugen, den Mädchen diese Freiheit zu geben. Gewöhnlich hat sie Erfolg. Der Zirkus ist inzwischen über Kabul hinaus bekannt; er organisiert und dokumentiert akrobatische Vorführungen und Theatervorstellungen von Kindern für Kinder. Als Aziza zum Zirkus stieß, bildeten sich zwei Schwerpunkte heraus: einmal die Zirkusarbeit selbst und zum anderen die filmische und fotografische Berichterstattung im Kampf für die Menschenrechte – für Kinder und ihre Stimme –, was sie am meisten fasziniert habe. »Bei dem Zirkusprojekt habe ich gelernt, wie man Papierkram bewältigt, mit Vorschriften umgeht, mit den Behörden zusammenarbeitet und sich konkret für ein Ziel einsetzt«, so Aziza.

Ihre Entschlossenheit, die Kinder Afghanistans aufzurütteln, ihre Stimmen zu erheben und für ihre Rechte einzutreten, hat Aziza bereits zahlreiche Auszeichnungen eingebracht. Am bekanntesten wurde sie international durch die Nominierung für den *Children's Peace Prize* 2015 der Amsterdamer Stiftung *KidsRights*. Diesen Preis hat 2013 Malala Yousafzai erhalten, die ein Jahr später auch den Friedensnobelpreis bekam, nachdem sie wegen ihres Einsatzes für das Recht von Mädchen auf Schulbildung Ziel eines Anschlags von Taliban-Terroristen geworden war, den sie nur knapp überlebte. Aziza

» ICH WERDE NIE AUFHÖREN, MICH FÜR DIE AFGHANISCHEN KINDER EINZUSETZEN, SOLANGE IHRE RECHTE HIER STÄNDIG MISS-ACHTET WERDEN. «

bekam 2015 den dritten Platz bei der Verleihung des *Children's Peace Prize* zugesprochen.

»Ich habe eine Botschaft an die Welt«, sagt sie. »Kinder dürfen nicht zum Opfer politischer und wirtschaftlicher Machenschaften werden. Bis jetzt habe ich noch nicht viel erreicht. Eines Tages werden die ausländischen Hilfsorganisationen aus Afghanistan abziehen, und die Hilfsgelder werden nicht mehr fließen. Bis dahin müssen das afghanische Volk, unsere einheimischen Behörden und das Justizsystem noch viel lernen, und sie müssen sich sehr viel mehr um die vernachlässigten Kinder im Land kümmern.«

Azizas Geschwister

Azizas Engagement ist Sozialarbeit im wahrsten Sinne des Wortes. Bei einer NGO hat sie einen Erste-Hilfe-Kurs belegt, um den Kindern im Lager helfen zu können. »Wenn sich jetzt ein Kind verletzt oder einen Unfall hat, kann ich die Erstversorgung leisten, bis es ins Krankenhaus kommt«, erzählt sie. »Ich habe die NGO gebeten, eine weitere Hilfskraft auszubilden, damit jemand da ist, wenn ich außerhalb des Lagers bin.«

Vormittags besucht Aziza eifrig die Schule und bereitet sich auf die Zugangsprüfung der Universität vor. Sie hofft, in allen ihren drei Wunschfächern angenommen zu werden: Journalistik, Zahnmedizin und Jura (Fachgebiet Menschenrechtsgesetze). Die Nachmittage sind mit ihrer humanitären Arbeit im Lager und für den Zirkus ausgefüllt. Sie möchte sich zwar ihren eigenen Platz in der Welt erobern, wie sie sagt, aber schon jetzt ist sie nicht nur der Stolz ihrer Familie, sondern auch das Idol Tausender Kinder, denen sie helfen konnte.

Aziza ist immer bemüht, sich weiterzubilden und ihre Leistungen zu verbessern. Ihre Auszeichnungen und Preise, ein Stapel Urkunden für humanitäre Verdienste, lagern in einem Schrank, der fast eine ganze Wand des kleinen Zimmers einnimmt. Azizas Geschichte ist die eines inspirierenden Lebensweges afghanischer Mädchen und Frauen, die nur selten erzählt werden.

FARKHUNDA MALIKZADA

»Farkhunda hat sich für immer einen Platz in der Geschichte der Frauen
gesichert. Das wäre nicht möglich, wenn sie noch am Leben wäre.
Manchmal denke ich darüber nach. Vielleicht ist sie dazu geboren worden –
vielleicht war das der Sinn ihres Lebens. Nur Gott weiß es, und ich
akzeptiere Gottes Willen«, so Hajira, Farkhundas Mutter.

MÖGEN ALLE AFGHANISCHEN FARKHUNDAS IN FRIEDEN RUHEN

E

s gibt Augenblicke im Leben, die sich einem für immer einprägen und die man wie eine Filmszene immer wieder vor sich ablaufen sieht. Für mich wurde Farkhunda Malikzadas Tod zu einem solchen Moment.

Es war am 19. März 2015, einen Tag vor dem Newroz-Fest, mit dem im Iran und in Afghanistan das neue Jahr beginnt, und kurz nach meiner Rückkehr aus Afghanistan. Ich war gerade im Internet mit Recherchen für dieses Buch beschäftigt, als ich auf ein Amateurvideo stieß, das die brutale Tötung einer Frau zeigte. Man sah, wie eine Menge wütender Männer auf das Opfer einschlug. Sie traten und steinigten sie, spuckten sie wütend an und bewarfen sie mit allem Möglichen – von großen Steinen bis zu Holzscheiten.

Ich war entsetzt. Innerhalb einer Stunde griffen alle Nachrichtenmedien weltweit diesen grausigen Vorfall auf. Die Afghanen in den sozialen Netzwerken reagierten empört, aber zwiespältig. Manche verfluchten die junge Frau, verdammten sie und ihre Unterstützer, andere waren auf der Seite des Opfers. Was eigentlich geschehen war, blieb unklar, auch als immer mehr Videos des Übergriffs im Internet erschienen. Binnen Stunden verbreiteten sie sich viral. Ich war verwirrt und frustriert, weil auch meine Kontakte in Afghanistan mich nicht mit klaren Fakten versorgen konnten, aber nach zwei Tagen klärte sich die Situation.

Das Opfer hieß Farkhunda, eine 27-jährige Studentin der Islamwissenschaften, die sich im Selbststudium ganz der Mathematik verschrieben hatte. Es war ihr letztes Semester an der Universität Kabul, sie wollte Lehrerin werden und hatte ausgezeichnete Noten vorzuweisen. Man hatte sie fälschlicherweise beschuldigt, in der Moschee Shah Do Shamshira (Moschee des Königs der beiden Schwerter)

Farkhunda Malikzadas Eltern mit einem Bild ihrer geliebten Tochter

ein Exemplar des Koran verbrannt zu haben. Diese berühmte zweistöckige gelbe Moschee entstand unter der Regierung König Amanullah Khans (1919–1929) und liegt direkt am Kabul-Fluss. Farkhunda kannte sich in islamischer Theologie aus und bekämpfte falsche Auslegungen des Islam, besonders an der Shah Do Shamshira Moschee. Angeblich verbrachte sie jede freie Minute dort und versuchte die ihrer Ansicht nach »unislamischen« Praktiken der Mullahs zu beenden, die dort Amulette verkaufen, um Profit zu machen.

Der Streit, der schließlich zu ihrem Tod führte, dauerte über zwei Stunden. Dutzende Männer filmten jeden Moment mit ihren Mobiltelefonen, um das Material triumphierend in den sozialen Netzwerken und auf YouTube zu posten. Die Polizei schien ihr zunächst helfen zu wollen, aber man sieht in den Videos, wie die Beamten sie dem mörderischen Mob überließen und sich damit den Tausenden Männern anschlossen, die an jenem Tag die so gepriesene eigene Ehre und die ihres Landes in den Schmutz zogen. Farkhunda wurde brutal geprügelt und dann bewusstlos auf die Straße geschleift, wo sie mit einem SUV überfahren und dabei von dem schweren Allradwagen fast hundert Meter mitgeschleift wurde. Ihre blutüberströmte Leiche wurde in das trockene Bett des Kabul-Flusses geworfen und dort angezündet. Da Farkhundas blutgetränkte Kleidung nicht Feuer fangen wollte, warfen die Täter ihre Hemden, Kopfbedeckungen, Jacken und Halstücher als Brennmaterial auf die Flammen. Die polizeilichen Ermittlungen ergaben später, dass Farkhunda kein Exemplar des Koran verbrannt hatte und die Anschuldigungen, denen sie zum Opfer gefallen war, grundlos gewesen waren.

In den folgenden Wochen hielten protestierende Afghanen überall auf der Welt Totenwachen ab. Farkhunda wurde zur Symbolfigur und Märtyrerin, die binnen Tagen eine jahrhundertealte Tradition kultureller Tabus durchbrach. Afghanische Frauen aller Schichten und Klassen besuchten die Familie am Tag des Begräbnisses, und Frauen trugen Farkhundas Sarg zum Grab. Das war ein Novum in einer Gesellschaft, in der ansonsten immer Männer als Sargträger dienen. Der hölzerne Sarg war mit grünem Tuch bedeckt, das Koranverse trug und auf dem ein Blumenbouquet lag.

Gewaltakte gegen Frauen sind in Afghanistan nichts Neues. Dieser Fall jedoch war der bei Weitem wichtigste Präzedenzfall in der afghanischen Justiz, was die Rechte von Frauen anging. 19 der 49 im Zusammenhang mit Farkhundas Tod Festgenommenen waren Polizeibeamte. Sie wurden wegen unterlassener Hilfeleistung angeklagt, weil sie nicht eingeschritten waren. Viele von ihnen kamen mit geringen Strafen wie Gehaltsreduzierungen davon. In den 30 anderen Fällen wurden die meisten Verfahren in der zweiten Instanz niedergeschlagen, die verbleibenden Täter erhielten eine Strafminderung oder wurden freigesprochen. Es ist entscheidend, dass Straftäter vor Gericht kommen und in einem ordentlichen Prozess verurteilt werden. Die Gerichte hätten besser daran getan, von Strafminderungen abzusehen und die Aufhebung der Verfahren abzuwenden, denn die Justiz kann ihren Bürgern nicht erlauben, Selbstjustiz zu üben – so wie es am 19. März 2015 geschehen ist.

Die Bilder verfolgten mich wochenlang. Ich musste unbedingt über diese junge Frau berichten, deren Leben so brutal geendet hatte. Ich konnte mir die unzensierten Videos ihrer Ermordung nicht einmal zu Ende anschauen, so grausam waren sie. Jeder Steinwurf, jeder Tritt, jeder Faustschlag war die

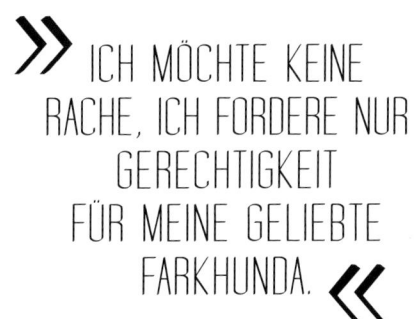

» ICH MÖCHTE KEINE RACHE, ICH FORDERE NUR GERECHTIGKEIT FÜR MEINE GELIEBTE FARKHUNDA. «

HAJIRA, FARKHUNDAS MUTTER

Heute befindet sich in Kabul an der Stelle, wo Farkhunda ermordet wurde, ein Mahnmal mit einer erhobenen Faust.

Rache für ein Vergehen, das sie gar nicht begangen hatte. Ihre Geschichte durfte nicht unerzählt bleiben. Dank meiner weitgespannten journalistischen Kontakte in Afghanistan gelang es mir, an die Mobiltelefonnummer von Farkhundas Bruder zu kommen. Ich beschloss, ihn bei meinem nächsten Aufenthalt in Kabul zu besuchen.

Die Familie wohnte in einem bescheidenen zweigeschossigen Haus in der Innenstadt. Davor hatte die Regierung einen Wachposten eingerichtet, da Farkhundas Angehörige jetzt ständigen Drohungen und Belästigungen durch die Familien der 49 Festgenommenen ausgesetzt waren. Zwei Wachmänner, die beide schliefen, als wir eintrafen, sollten die Bewohner schützen. Am Wachposten erinnerte ein Bild Farkhundas an ihre Geschichte.

Ihr Bruder Najibullah begrüßte mich vor dem Haus auf Dari und mit der mich begleitenden britischen Journalistin sprach er zu meiner Überraschung fließend Englisch. Er gab sich große Mühe, seine tiefe Trauer zu verbergen, aber mir entging sein Schmerz nicht. Als wir den kleinen Vorgarten durchquerten, sagte er: »Hier haben sie den Sarg abgestellt, bevor meine Schwester ihren letzten Weg antrat.« In einem kleinen Vorraum zogen wir unsere Schuhe aus, wie es üblich ist, wenn man ein afghanisches Haus betritt, und er führte uns zuvorkommend in ein pastellrosa gehaltenes Wohnzimmer. Die Vorhänge waren zugezogen; in den meisten afghanischen Haushalten sind die Fenster Tag und Nacht verhängt – aus Sicherheitsgründen. Farkhundas Eltern erkannte ich von den vielen Fernsehinterviews wieder, die sie seit dem Mord an ihrer Tochter gegeben hatten. Ich küsste ihnen die Hände – in Afghanistan eine Geste des Respekts gegenüber Älteren – und setzte mich auf die Polster, die sich mit dazu passenden Rückenlehnen um den traditionellen roten Afghanenteppich an den Wänden entlang zogen.

Nach den Begrüßungsformeln und einigen ebenso förmlichen Schlucken grünen Tees schwiegen wir lange. Ich war wie gelähmt angesichts dieser von Trauer überwältigten Familie. Ich wusste buchstäblich nicht, wie ich beginnen sollte.

Farkhundas Vater hatte mich zunächst auf Dari begrüßt und wechselte dann zu fließendem Deutsch über. Trotz seiner Trauer versuchte er, Haltung zu wahren. Farkhundas Schwestern mussten immer wieder weinen, während sie von ihr erzählten; zudem sie waren seitdem praktisch an das Haus gefesselt und unter ständiger Bedrohung – weil sie es gewagt hatten, Gerechtigkeit zu verlangen. Das jüngste Familienmitglied, ein vier oder fünf Jahre altes Mädchen, saß mit Stift und Notizblock da und versuchte, neue Vokabeln von seinen Geschwistern aufzuschnappen. Ich war beeindruckt, welch gebildete und kultivierte Familie ich hier vorfand. »Irgendwann«, sagte Farkhundas Mutter plötzlich wie aus dem Nichts, »hat eine Mutter keine Tränen mehr.« Leise fügte sie hinzu: »Ich will keine Rache. Ich will nur Gerechtigkeit für meine geliebte Farkhunda. Die Familien der Mörder haben uns gedroht, unsere Töchter zu entführen und ihnen das Gleiche anzutun wie Farkhunda. Unsere Familie hat in diesem Land keine Zukunft mehr. Warum? Was haben wir getan? Gibt es noch Gerechtigkeit auf dieser Welt?«

In Afghanistan und speziell in diesem Fall gibt es sie vielleicht wirklich nicht. Behörden und Justiz haben versagt. Sie haben nicht nur einer gebildeten jungen Frau – und danach auch ihrer Familie – ihren Schutz versagt, sondern damit dem Land auch eine potenziell führende Stimme im Kampf um Gerechtigkeit und Frieden genommen. »Die Justiz muss dafür sorgen, dass meiner Tochter Gerechtigkeit widerfährt, damit andere Töchter Afghanistans nicht auch zu Farkhundas werden, ihnen nicht das gleiche Schicksal widerfährt«, sagte ihr Vater Mohammed Nadir, während er sich die Tränen aus dem Gesicht wischte.

Farkhundas Schicksal und ihr Traum, die Menschen von den selbstsüchtigen Machenschaften profitgieriger Mullahs zu befreien, die die Religion für ihre eigenen Zwecke missbrauchen, ist schon jetzt in die Geschichte des Landes eingegangen und inspiriert zahlreiche Aktivistinnen und Politikerinnen. Unermüdlich machen sie sich stark für Gerechtigkeit – nicht nur diesem, sondern auch in anderen Fällen mit ähnlich unmenschlichem Ausgang. Denn es geschieht immer wieder, dass Frauen grundlos eines Verbrechens bezichtigt werden – oft geht es um unerlaubten Geschlechtsverkehr –, und ohne die Chance, ihre Unschuld zu beweisen, zu Tode gesteinigt oder grausam verstümmelt werden. Insbesondere in den ländlichen Gebieten droht Frauen immer noch dieses Schicksal, und nur sehr wenig ändert sich.

Farkhundas Familie, so sagt man, ist inzwischen vor den ständigen Drohungen ins Nachbarland Tadschikistan geflohen. Die Behörden haben an der Stelle, wo der wütende Mob versuchte, ihre Leiche zu verbrennen, inzwischen einen Gedenkstein aufstellen lassen. Das Justizsystem, das stets von gleichen Rechten und Chancen auch für die Frauen Afghanistans spricht, hat nach und nach alle Beschuldigten wieder freigelassen.

Mögen alle afghanischen Farkhundas in Frieden ruhen!

MURSAL

»Wenn Gott mir die Fähigkeit geben würde, in der Welt etwas zu verändern,
würde ich mit dieser Kraft mein Land aufbauen.«
Mursal

»GIRL WITH A GUITAR«
EINE MUSIKSCHULE ALS ORT DER HOFFNUNG

A

ls ich den kleinen, aufgeräumten Übungsraum mit den feinsäuberlich nebeneinander aufgereihten Gitarren betrat, schlug mir eine so freundliche und heitere
Atmosphäre entgegen, als sei es das fröhlichste Zimmer in ganz Kabul. Eine der
Gitarren gehörte Mursal, einer zwölfjährigen Afghanin, der jüngsten Protagonistin
in diesem Buch.

Mursal ist ein kleines, zartes Mädchen, zerbrechlich, gleichzeitig aber un-
heimlich lebhaft und ihr Kichern ansteckend. Früher war sie eines der ISAF Street
Kids von Kabul. Diese Kinder verkaufen Kopf- und Halstücher oder Kaugummis
an die in Afghanistan lebenden Ausländer auf ihrem Weg zum NATO- beziehungsweise ISAF-Hauptquartier, um so ihre Familien zu unterstützen. Ich habe auf den
staubigen Straßen schon Sechsjährige stehen sehen. Die meisten dieser Kinder gehen nicht zur Schule. Sie versuchen, ihre Waren an den Mann zu bringen, bitten
am Ende aber häufig einfach nur um ein Almosen. An einem guten Tag verdienen
sie manchmal bis zu 10 Dollar. Die Kids freunden sich mit den Passanten an und
eignen sich so mit der Zeit ein bemerkenswert gutes Englisch an.

Während meiner Recherchen zu diesem Buch bat ich gelegentlich befreundete Journalisten in Kabul um Unterstützung. Sie brachten mich für gewöhnlich
direkt mit den entsprechenden Frauen oder einem ihrer Verwandten in Kontakt.
In Mursals Fall wurde ich an ihren Mentor Lanny Cordola verwiesen, den Mann,
der Mursals Leben für immer verändert hat. Lanny ist ein amerikanischer Musiker,
der Inbegriff des Rock 'n' Roll-Gitarristen. Am 8. März 2014 begegnete er Mursal
zum ersten Mal. Er nahm sie unter seine Fittiche und sie ist auch der Grund, warum er das Miraculous Love Kinds / Girl with a Guitar-Projekt ins Leben rief. Sein

Die Pinnwand erinnert an Mursals ältere Schwestern Parwana und Khurshid,
die im September 2012 Opfer eines Selbstmordattentäters wurden.

Ziel: Straßenkindern, insbesondere Mädchen, Gitarre spielen beizubringen und sie damit aus der Reichweite der Selbstmordattentäter auf den Straßen von Kabul zu bringen. Mursal gelangte so nicht nur an einen Ort der Hoffnung und offensichtlichen Freude, sondern hat sich durch diesen Neuanfang auch zu einer furchtlosen, überaus positiven und extrem mutigen Persönlichkeit entwickelt – und das in einem Zeitraum von nur wenigen Monaten.

Hintergrund von Mursals Geschichte ist ein Selbstmordanschlag am 8. September 2012. Ein Jugendlicher im Alter zwischen 13 und 14 sprengte sich vor dem ISAF-Hauptquartier im Herzen des diplomatischen und militärischen Viertels der Stadt in die Luft. Das Ziel war, wie die Taliban später in einer Erklärung verlauten ließen, ein Gästehaus der CIA. Stattdessen traf der Anschlag viele Zivilisten, in der Mehrzahl ISAF Street Kids. Auch Parwana und Khurshid, Mursals ältere Schwestern, kamen dabei ums Leben. Mursal war zur Zeit des Anschlags erst acht. Ihre Geschichte und die ihrer Schwestern wurde von Rod Nordland, dem Kabuler

Büroleiter der New York Times aufgegriffen. So erfuhr Lanny Cordola davon. Zuerst pendelte er ab 2013 auf der Suche nach der Familie von Mursal, Parwana und Khurshid zwischen Amerika und Kabul hin und her. Im Februar 2016 verkaufte er dann seinen Besitz in Los Angeles und zog ins tausende Meilen entfernte Afghanistan in der Hoffnung, das Leben wenigstens einer einzelnen Familie verändern zu können. Mithilfe von GoFundMe, einer Fundraising-Plattform im Internet, sowie den Erlösen aus dem Album »Afghan Lullaby« brachte Lanny genug Geld auf, um die Jahresmiete der Familie zu bezahlen, und organisierte schließlich auch den Umzug in ein sichereres Viertel der Hauptstadt.

Gleich bei meinem Eintritt in die zentral gelegene Wohnung der kleinen Musikschule war mein Blick auf einige Erinnerungsstücke in der Diele gefallen: Fotos von lachenden Kindern ergänzt durch ein paar Zeitungsartikel. Auf der riesigen, jedem Besucher sofort ins Auge springenden Wand erkannte ich auf den überlebensgroßen Bildern Mursals ältere Schwestern, die elfjährige Parwana (Schmetterling auf Dari) und die fünfzehnjährige Khurshid (Sonne auf Dari).

Während meines Besuchs brachte mir Mursal – selbstbewusst und mit ihrem strahlenden Lächeln – auf der Gitarre ein bekanntes Lied von dem berühmten afghanischen Sänger Ahmad Zahir (1946–1979) bei. Auch Lanny gesellte sich zu uns. Wir spielten, sangen und lachten zusammen. Ich bekam von meiner zwölf Jahre alten Gitarrenlehrerin sogar das Kompliment zu hören, ich sei eine gute Schülerin. Schlagartig wurde mir bewusst, was dieser Ort für Mursal und die anderen Kinder des Girl with a Guitar-Projekts bedeutete. Es lässt sich mit Worten schwer beschreiben: Ein Gefühl von Frieden und Liebe durchflutete den Raum, etwas, das man in einem Land, das schon so lange vom Krieg zermürbt wird, kaum erwarten würde.

Und es war nicht zu übersehen, dass Musik eine ganz neue Bedeutung für Mursal angenommen hatte. Das kleine Apartment im Zentrum von Kabul, ihr musikalisches Paradies, war für sie zum Ort der Rettung, der Heilung und vor allem der Hoffnung geworden. Durch die Musik hat Mursals Leben einen neuen Sinn bekommen. Auch wenn die Leiden des Krieges ihr die Unbeschwertheit der Kindheit geraubt haben mögen, so haben ihr doch die Lieder von Bob Marley, Sting, Prince, Coldplay und anderen eine Ahnung vermittelt, wie die Welt da draußen

>> SEIT ICH GITARRE SPIELEN UND SINGEN LERNE, KOMME ICH MIR VOR WIE IN EINER ANDEREN WELT, EINER BESSEREN WELT. ICH BIN SO GLÜCKLICH. <<

> » DIE KINDER IN DIESER SCHULE SIND SO VIEL GLÜCKLICHER, SIE LÄCHELN VIEL UND SIND IM GROSSEN UND GANZEN SICHER. ICH MÖCHTE, DASS ALLE AFGHANISCHEN KINDER DAS ERFAHREN. «

aussehen könnte. »Seit ich Gitarre spielen und singen lerne, komme ich mir vor wie in einer anderen Welt, einer besseren Welt«, sagte sie. In Lannys Unterricht haben sie alles über die Sänger und Songwriter gelernt, woher sie kommen, wie ihr kulturelles Umfeld aussieht. Auch über Lyrik im Allgemeinen hat er mit ihnen gesprochen.

Mursals großer Traum ist es, die Welt zu erkunden, doch sie möchte vor allem das übrige Afghanistan kennenlernen. »Wenn Gott mir die Fähigkeit geben würde, in der Welt etwas zu verändern, würde ich mit dieser Kraft mein Land aufbauen«, sagte sie überlegt. Diese Kraft stand ihr ins Gesicht geschrieben. Am liebsten würde Mursal alle Kinder in Afghanistan an ihrem Projekt teilhaben lassen. »Die Kinder in dieser Schule sind so viel glücklicher, sie lächeln viel und sind im Großen und Ganzen sicher. Ich möchte, dass alle afghanischen Kinder das erfahren.«

Mursals Mutter, Bibi Hawa, eine toughe Polizistin und unkonventionelle alleinerziehende Mutter von sechs Kindern, möchte, dass ihre Tochter einmal Ärztin oder Ingenieurin wird. Doch Mursal träumt von einem Leben als Gitarristin. Sie möchte in die Fußstapfen ihrer beiden Förderer treten: ihrer Mutter und Lanny Cordolas. »Ich möchte Gitarrenlehrerin werden und Kindern mit Musik helfen, so wie Mr. Lanny, und ich möchte dafür kämpfen, dass mein Land Frieden findet, so wie meine Mutter, damit in unseren Städten kein Platz mehr für die Taliban ist«, erklärte sie. »Ich will nicht, dass sie uns davon abhalten, zur Schule zu gehen, und unser Land mit ihren Anschlägen zerstören.«

Die Girl with a Guitar-Truppe geht regelmäßig auf Tour, tritt zusammen mit anderen NGO's auf oder entwickelt gemeinsame Projekte mit den Afghan Scouts von PARSA, die sich mit unterschiedlichen Programmen in mehreren afghanischen Provinzen in der Förderung von Familien und Jugendarbeit engagieren. Die Medienaufmerksamkeit, die Girl with a Guitar und Mursals Schicksal zuteilwurde, hat ihnen geholfen, sich neue Kontakte zu erschließen, und bietet ihnen die Chance, vielleicht einmal im Namen von internationalen Organisationen aufzutreten.

Girl with a Guitar ist das beste Beispiel dafür, wie ein einzelner Mensch mithilfe der Musik etwas verändern kann: Wenn man diese wunderbare Gabe für einen höheren Zweck einsetzt und nicht zur persönlichen Bereicherung. Für

Mursal zeigt mir die Griffe auf der Gitarre für ein Lied von Ahmad Zahir.

Lanny Cordola bedeutet es, in Kindern ihr Potenzial zu wecken und damit »den Stimmlosen eine Stimme und den Machtlosen Macht zu geben«. Gewisserma-ßen hat Lanny auf diese Weise Junior-Friedensbotschafter geschaffen. Für ihn ist Mursal Teil der »Rock 'n' Roll UNICEF« und er hofft, dass er viele seiner promi-nenten Bekannten aus dem Westen motivieren kann, sich ebenfalls bei Girl with a Guitar zu engagieren.

Musik ist zum Synonym für A-Promis geworden. Mursal, die jetzt selbst Seite an Seite mit ihrem Helden Lanny an der Musikschule unterrichtet, setzt sich für die »Unbeachteten« am Ende der Bekanntheitsskala ein. »Unsere Mühen und Ängste sind Vergangenheit, unsere Schwierigkeiten lassen immer mehr nach. Und das alles dank Mr. Lanny und einer Gitarre«, sagte Mursal mit einem Lächeln.

Die Mädchen der Musikschule und ihr Lehrer Lanny Cordola, Begründer des Projekts »Girl with a Guitar«

KOMMANDANTIN KAFTAR
»PIGEON«

»Afghanische Frauen sollten sich den Männern gegenüber nicht als schwach
ausgeben. Sie können es ihnen durchaus gleichtun und wie sie ihrer
Gemeinschaft dienen. Frauen müssen nur Stärke zeigen. Schließlich bringen
sie weit mehr fertig als die Männer. Sie gebären Kinder und führen
Seite an Seite mit ihren Brüdern Kriege.«
Kommandantin Kaftar

DIE LEGENDÄRE KRIEGERIN

D

ie Legende von Commander Pigeon (pigeon, engl. Taube), Qomandan Kaftar in Dari, kursiert seit vielen Jahren in Afghanistan. Ich kannte sie schon in- und auswendig: die Geschichten über die ihrerzeit einzige weibliche Befehlshaberin, eine Kämpferin, die ohne nennenswerte Schulbildung im nördlichen Afghanistan über beinahe vier Jahrzehnte eine Armee von Männern anführte. Wie brachte eine Frau afghanische Männer dazu, sich ihrem Befehl zu unterwerfen? Diese Frage beschäftigte mich schon lange. Ihre Person, ihr Charakter faszinierten mich ganz einfach.

Ein Treffen mit einer so prominenten Befehlshaberin stellte mich vor eine enorme Herausforderung. Das Dorf, in dem Kaftar sich aufhielt, war umgeben von Checkpoints der Taliban, was den Zugang nahezu unmöglich machte. Meine Reise führte mich zunächst nach Masar-e Scharif, die drittgrößte Stadt Afghanistans und Hauptstadt der Provinz Balkh im Norden des Landes. In Masar war ich noch nie gewesen. Allerdings hatte ich gehört, die Stadt sei eine Zufluchtsstätte für afghanische Frauen, weil die Menschen hier aufgeschlossener seien als im übrigen Land. Unter dem Schutz von General Atta, einem der einflussreichsten Befehlshaber der Mudschahedin in Nordafghanistan, galt Masar-e Scharif als weitaus sicherer als Kabul. Atta Mohammad Noor, wie er mit vollem Namen heißt, hat auch heute nichts von seiner Macht eingebüßt. Als Mitglied der Dschamiat-i-Islāmi-Partei ist er inzwischen zum Gouverneur der Provinz Balkh aufgestiegen. Die Menschen in Masar-e Scharif sprechen in den höchsten Tönen von ihrem Landesvater. Viele von ihnen sehen den Grund für den anhaltenden Frieden in diesem Teil Afghanistans in der nicht immer konformen Haltung Attas gegenüber der derzeitigen Koalitionsregierung.

Mit einem kugelsicheren SUV wurde ich vom Flughafen abgeholt und zu einer riesigen, hoch aufragenden Villa gebracht. Es war das Gästehaus unserer Kon-

» MITUNTER HATTE ICH EIN GANZ SCHLECHTES GEWISSEN MEINEM MANN GEGENÜBER, DENN ER MUSSTE SICH JA DAMIT ABFINDEN, DASS ICH IN DER FAMILIE DIE HOSEN ANHATTE. «

taktperson, die dafür gesorgt hatte, dass ich General Kaftar treffen würde. Hier sollte ich die Nacht verbringen. In Afghanistan tut man gut daran, sich von Hotels fernzuhalten, denn sie werden oft Ziel von Anschlägen, vor allem, wenn sie Ausländer beherbergen. Wenn man jemanden kennt, der bereit ist, einen bei sich zu Hause unterzubringen, ist dies immer die sicherere Variante. Beim Anblick des gewaltigen Grundstücks verschlug es mir den Atem. Diese Villa war größer als alles, was ich bisher in Europa und Nordamerika gesehen hatte, und war ausgestattet mit Marmorfußböden, drei Küchen und unzähligen Zimmern, in denen überall Swarovski-Kristalle funkelten. Mir wurde ein äußerst zuvorkommender Butler zur Seite gestellt, der mich zu einem wunderschön eingedeckten Tisch zum Essen geleitete. Die Freigiebigkeit und Gastfreundschaft der Afghanen, von der ich schon so oft gesprochen habe, versetzen mich immer wieder in Begeisterung. Das hier war ein anderes Afghanistan, meilenweit entfernt von der Vorstellung, die sich die Welt von meiner Heimat macht. Zum ersten Mal seit meiner Ankunft in Kabul vor ein paar Tagen fühlte ich mich in diesem Land vollkommen sicher. Ich entdeckte eine Welt, von der ich bisher nur hatte träumen können.

Am nächsten Morgen brachen wir auf in die Provinz Baglan, ein paar Stunden von Masar-e Scharif entfernt. Dort sollte ich Kommandantin Kaftar treffen. Ich zog die schwarze Abaya über, die mir eine Freundin aus Kabul geliehen hatte. Im Grunde ist sie nur ein einfaches Cape, das einen aber wie ein langes Kleid vollständig bedeckt. Sie wird von vielen Frauen in der muslimischen Welt getragen, zum Beispiel in Nordafrika. In den zwei gepanzerten weißen SUVs saßen bewaffnete Sicherheitskräfte in Armeekleidung und mit Sonnenbrillen. Die vielen Maschinengewehre, die mich umgaben, machten mich zunehmend nervös. Das ganze Szenario führte mir eindringlich den fortdauernden Kriegszustand, in dem sich mein Land seit nunmehr nahezu vierzig Jahren befindet, vor Augen.

Nach einer fast zweistündigen Fahrt näherten wir uns endlich einem abgelegenen Dorf in der Provinz Baglan. Mir wurde mulmig, als ich auf den Dächern mehrerer Häuser Männer in ziviler Kleidung mit Maschinengewehren stehen sah. Zu diesem Zeitpunkt war mir noch nicht klar, dass es Sicherheitsleute von Kaftar waren, die das Gebiet zu ihrem Schutz überwachten. Als unsere gepanzerten Fahrzeuge das Dorf durchquerten, entging mir nicht, wie viel Aufmerksamkeit wir erregten. Ein solches Aufgebot konnte nur bedeuten, dass sich jemand von Bedeutung im Dorf aufhielt. Wir mussten uns beeilen, denn falls sich in der Umgebung herumsprach, dass sich Fremde im Dorf befanden und noch dazu Kommandantin Kaftar, würden wir womöglich die gesamte Einwohnerschaft in Gefahr bringen.

Wir fuhren weiter über schmale, unbefestigte Straßen. Noch mehr Männer mit Gewehren tauchten auf. Sie schienen überall zu sein, und dieses Mal richteten sie den Blick gezielt auf unsere Wagen. Unvermittelt hielten wir an. Ein schmutziger weißer Corolla mit drei Männern in Zivil parkte direkt vor uns. Ich fühlte, wie die Angst in mir hochstieg. Abermals empfand ich Beklemmung und Panik, und ich spürte jede einzelne Faser meines Körpers. Nach ein paar unendlich langen Minuten hatte ich mich wieder einigermaßen unter Kontrolle. Ich machte die Augen auf. Die Luft war von all dem Staub fast undurchdringlich. Der Corolla, dem wir hinterherfahren sollten, und der SUV hinter uns waren kaum zu erkennen. Mir war flau, und zum ersten Mal während der gesamten Reise wollte ich nicht mehr hier sein. Reiß dich zusammen!, ermahnte ich mich selbst.

Eine Gruppe von Männern mit Maschinengewehren in der Mitte der schmalen, steinigen Schotterpiste bedeutete uns, in den Garten eines Hauses hineinzugehen, der mit mehr als drei Meter hohen Mauern umgeben war. Im Haus selbst befand sich ebenfalls mindestens ein Dutzend bewaffnete Sicherheitsleute in Peran Tumbans, der traditionellen Tracht der afghanischen Männer. Ein Kamerateam, das ich herbestellt hatte, befand sich bereits vor Ort. Zwei junge Männer mit Filmkamera und Stativ, gekleidet in Jeans, T-Shirt und Sneaker, warteten geduldig auf ihren Einsatz.

Mit einem Mal stand Kommandantin Kaftar vor uns. Sobald ich sie sah, wusste ich, dass sie es war. Ihr langes marineblaues Kleid mit feinem Blumenmuster war fast vollständig von einem weißen Schal bedeckt. Unter dem Kleid trug sie die traditionelle Damenhose Tunban. Sie sah müde aus. Außerdem hinkte sie und hielt sich mit der linken Hand den Rücken, als ob sie dort Schmerzen hätte. »Es geht mir nicht gut. Ich bin nur gekommen, weil mein Freund hier mir sagte, dass Sie eine lange Reise auf sich genommen haben, um mich zu treffen.« Bei diesen Worten zeigte sie auf den Hausherrn dicht neben ihr.

Wir wurden in das große Wohnzimmer geführt. Der Fußboden war mit einem prachtvollen afghanischen Teppich mit Blumenmuster ausgelegt. Entlang der pastellgrünen Wände lagen, hübsch arrangiert, Sitzmatratzen und Kissen, ebenfalls in der beliebten roten afghanischen Kelim-Machart. Zwei junge Männer brachten ein Tablett mit Obst, Teller und Messer herein. Die scharfen kleinen Messer waren zum Greifen nah und ich dachte darüber nach, ob ich mich damit verteidigen könnte, falls etwas schiefging. Alle möglichen Szenarien spulten sich wie Filmszenen in meinem Kopf ab.

»Sie sind Muslima?«, fragte sie mich unvermittelt.

»Ja sicher«, erwiderte ich.

»Hätten Sie sich auch mit mir getroffen, wenn ich keine Muslima wäre, sondern vielleicht Jüdin oder Christin?«, fragte sehr spontan, um das Eis zu brechen.

»Wie kommen Sie denn auf den Gedanken?«, entgegnete sie und blickte mir dabei mit einem stolzen Lächeln in die Augen. »Sie sind mein Gast, ein Gast Afghanistans, und ich werde meine schützende Hand über Sie halten und mit allem versorgen, was Sie brauchen. Aber wenn Sie meinem Land, meinem Afghanistan schaden wollen« – und hier schlug sie mit der Handfläche fest auf das herrliche Webmuster des Teppichs – »dann sind Sie hier nicht länger willkommen.« Sie saß kerzengerade da und schaute mir direkt in die Augen.

Ich lächelte und sammelte mich kurz. Dann fanden wir beide zu einer entspannten Haltung und begannen unser Gespräch. Ich war positiv überrascht, wie umgänglich diese mächtige Frau doch war. Ich hatte etwas anderes erwartet, eine Befehlshaberin voller Bitterkeit und Härte. Was ich vor mir sah, war eine sanfte Seele. Als Erstes fragte ich sie nach ihrem goldenen Colt. Darüber hatte ich in einem 2014 veröffentlichten Artikel gelesen. Sie lachte und sagte: »Ihr Journalisten seid wie besessen von meinem goldenen Colt.« Sie berichtete mir, dass sie von Kindesbeinen an mit Waffen umgehen konnte. »Trotzdem war ich eine miserable Schützin«, schmunzelte sie. »Was ich wirklich gut konnte, war, einen Angriffsbefehl zu geben.« Daraufhin erzählte sie mir, wie sie in ihrem Dorf die unangefochtene Anführerin wurde, bei der die Menschen Rat suchten. »Unmittelbar vor einem Angriff sagte ich meinen Männern: Wenn ihr getötet werdet, seid ihr Märtyrer, und wenn ihr die anderen tötet, seid ihr Helden.« Das sagte sie mit einem unerschrockenen Lächeln.

Kommandantin Kaftar kam als Bibi Ayesha Habibi in dem Dorf Gawi im Distrikt Nahrin der Provinz Baglan im Norden Afghanistans zur Welt. Sie ist die Tochter von Haji Dawlat, einem hochrangigen Arbab, das heißt einem Stammesführer. Im Alter von zwölf Jahren wurde Bibi Ayesha verlobt. Das ist, vor allem in ländlichen Gebieten Afghanistans, normalerweise für ein Mädchen der Anlass, sich aus dem öffentlichen Leben zurückzuziehen. Ich musste unwillkürlich an meine Töchter denken. Was, wenn eine von ihnen in diesem Alter bereits einem Mann versprochen worden wäre? Und wo wäre ich heute, wenn sich mir nicht all die Chancen geboten hätten, nachdem ich 1985, während der sowjetischen Invasion, aus Afghanistan geflohen war?

Bibi Ayeshas Familie jedenfalls fand für ihre Tochter einen Mann, der bereit war, ein Mädchen zu heiraten, das nicht ganz dem landesüblichen Idealbild entsprach. Ihre Erinnerung an die erste Begegnung mit einem zehn Jahre älteren

Im Interview mit der legendären Kommandantin Kaftar (rechts)

Mann, mit dem sie den Rest ihres Lebens verbringen sollte, ließ sie laut auflachen. »Stellen Sie sich einmal vor, ein wildfremder Mann kommt zu Ihnen in den Garten. Wie würden Sie sich dabei fühlen? Sie haben ihn noch niemals zu Gesicht bekommen, noch kein Wort mit ihm gewechselt. Er ist einfach ein x-beliebiger Mann und soll Ihr zukünftiger Ehemann werden. In diesem Augenblick kam es mir vor, als sei der Engel Ezrael, der Todesengel, gekommen, um mir das Leben zu nehmen.«

Nicht ohne Stolz gab sie mir weitere Details aus ihrem Leben preis, so als ob sie die Geschichte einer anderen erzählte. Mit großer Scheu und Bescheidenheit sprach sie von den ersten Jahren mit ihrem Mann. »Mitunter hatte ich ein ganz schlechtes Gewissen meinem Mann gegenüber, denn er musste sich ja damit abfinden, dass ich in der Familie die Hosen anhatte. Meine Rolle als Stammesführerin verlangte von mir, mein wahres Ich zu unterdrücken. Aber ich glaube, er hat das schon lange bevor er um meine Hand angehalten hat akzeptiert.« Ihr Mann blieb zu Hause bei den sieben Kindern, während sie in den Kampf zog. Vor ein paar Jahren wurde ihr Mann krank, und bis sich die dringend benötigte medizinische Behandlung organisieren ließ, war es bereits zu spät. Er starb kurz darauf.

Kaftar ist als geübte Reiterin bekannt. Ständig war sie zu Pferd unterwegs zu den Dörfern im Umkreis, wo sie im Namen ihres Vaters, des Arbabs, Aufgaben übernahm. Sie konnte Ehekrisen und andere Streitigkeiten schlichten und darüber hinaus etwas bewegen, auf das sie sehr stolz ist: »Familien dazu zwingen, die Frauen ihren Ehemann selbst aussuchen zu lassen.« Außerdem führte sie eine Verringerung der Mitgift der Frauen ein – eine Errungenschaft, die ein entscheidendes gesellschaftliches Hindernis beseitigte, das viele Ehen unmöglich gemacht hatte. Diese Leistung in einer so konservativen und traditionsverhafteten Gesellschaft wie der afghanischen zu vollbringen, kann nicht hoch genug bewertet werden.

»Warum soll es Frauen nicht erlaubt sein, sich ihren Mann auszusuchen? Haben Sie sich Ihren Mann selbst ausgesucht?«, fragte Sie mich geradeheraus.

»Ja, das habe ich«, antwortete ich.

»Natürlich. Alle modernen Frauen haben heutzutage dieses Privileg. Aber ich habe immer dafür gekämpft, dass Frauen diese Rechte zugestanden werden. Meine Zeit ist abgelaufen. Ich bin alt geworden. Aber afghanische Frauen sollten sich den Männern gegenüber nicht als schwach ausgeben. Sie können es ihnen durchaus gleichtun und wie sie ihrer Gemeinschaft dienen.« Mit einem Stirnrunzeln und lauterer Stimme erklärte sie: »Frauen müssen nur Stärke zeigen. Schließlich bringen sie weit mehr fertig als die Männer. Sie gebären Kinder und führen Seite an Seite mit ihren Brüdern Kriege.«

Es erstaunte und begeisterte mich zugleich, dass sich eine Frau aus dieser Generation – noch dazu ohne nennenswerte Schulbildung – so direkt zu diesen Tabuthemen äußerte. Bis heute scheuen es viele meiner Bekannten, derartige Dinge in der afghanischen Öffentlichkeit zur Sprache zu bringen. Und da saß ich nun in einem abgelegenen kleinen Dorf – in dem mehr als 90 Prozent der Frauen weder lesen noch schreiben konnten – einer der aufgeschlossensten Frauen in ganz Afghanistan gegenüber, obwohl sie niemals einen Fuß außerhalb ihres Landes gesetzt hatte. Sie hatte es geschafft, die Denkart von Menschen zu ändern, die überwiegend der Meinung waren, Frauen seien dazu da, ihrer Familie zu dienen, sich fortzupflanzen, zu kochen, zu putzen und all die anderen konservativen Klischees bezüglich der Rolle der Frau in der Gesellschaft zu erfüllen. Die meisten der Dorfbewohnerinnen hatten ihr Leben in ebendieser Rolle gesehen – bis Bibi Ayesha auf der Bildfläche erschien. Mit ihrer Art zu leben erreichte sie mehr als tausend Life-Coaches: Sie brachte die Weltanschauung der afghanischen Macho-Männer ins Wanken.

»Ich wünschte, einer meiner Söhne wäre wie du, intelligent, couragiert und fleißig«, sagte ihr Vater ihr auf dem Totenbett. Kaftar hat diesen Eigenschaften wahrhaftig alle Ehre gemacht.

Als ich sie fragte, ob sie des Kämpfens nicht müde sei, erwiderte sie: »Du kannst es dir nicht leisten, müde zu sein, wenn man dich angreift. Du musst das beschützen, was dir gehört. Würden Sie nicht Ihre Familie und Ihr Heim verteidigen? Vor vielen Jahren sind auf den Hügeln vor unserem Dorf die Russen gelandet. Sie töteten vor meinen Augen meinen Sohn.« Sie atmete einmal tief durch und fuhr fort: »Nach einer Weile stumpfst du ab, du hast keine Tränen mehr. Du empfindest nichts mehr, wenn Bitterkeit und Feindseligkeit das Ruder übernehmen. Und da bin ich nun, 35 Jahre später.«

> »MEINE ROLLE ALS STAMMESFÜHRERIN VERLANGTE VON MIR, MEIN WAHRES ICH ZU UNTERDRÜCKEN. ABER ICH GLAUBE, ER HAT DAS SCHON LANGE BEVOR ER UM MEINE HAND ANGEHALTEN HAT AKZEPTIERT. «

»Haben Sie auch manchmal Gewissensbisse, weil Sie Menschen getötet haben?«, fragte ich zögerlich.

»Das ist eine eigenartige Frage. Sie wollen wissen, ob es mir Spaß macht, jemanden zu töten? Wie ich Ihnen schon sagte, wenn das Kämpfen und Töten losgeht, hast du keine Zeit, über irgendetwas nachzudenken. Du willst einfach nur das beschützen, was dir gehört. Wenn sie deine Familie umbringen, findest du keinen Frieden mehr. Aber das ist das Leben, das Gott für mich vorgesehen hat, und ich habe es akzeptiert.«

Die schwere Last, die sie ihr ganzes Leben lang auf ihren Schultern getragen hat, lässt Bibi Ayesha nicht mehr los. Tief in ihrem Innern schlummert eine stille, nicht enden wollende Trauer, und für einen kurzen Moment gewährte sie mir Einblick in ihre Gemütslage. Sie nahm meine Hand und strich mir mit der anderen zärtlich über das Gesicht. Mit einer solchen spontanen Geste hatte ich nicht gerechnet. Ich war verblüfft. Und dennoch kam es mir vor, als würde ich diese Frau, der ich erst vor knapp einer Stunde zum ersten Mal begegnet war, schon mein ganzes Leben lang kennen. Etwas verband uns, das sich nicht in Worte fassen lässt. Niemand im Raum sagte etwas. Es war, als wäre die Zeit stehen geblieben, und das Zimmer – darin mindestens acht oder neun überwiegend bewaffnete Personen – verharrte in fast vollständiger Bewegungslosigkeit und Stille.

»Bring mir den Beutel«, befahl sie mit einem Mal ungeduldig einem der Männer. »Ich habe sie gestern in meinem Dorf extra für Sie sammeln lassen. Nehmen Sie sie, es ist ein Geschenk!« Mit diesen Worten stellte sie einen großen Sack voller Walnüsse, mindestens sechs oder sieben Kilo, direkt vor mich hin.

» WENN DAS KÄMPFEN UND TÖTEN LOS-GEHT, HAST DU KEINE ZEIT, ÜBER IRGENDETWAS NACH-ZUDENKEN. DU WILLST EINFACH NUR DAS BESCHÜTZEN, WAS DIR GEHÖRT. «

»Schreiben Sie sich meine Telefon-nummer auf, und wenn Sie wieder in der Gegend sind, vergessen Sie nicht, mir eine Salbe für meine Knie mitzu-bringen. Die tun höllisch weh. Und wenn Sie in dieser Gegend irgendet-was brauchen, wenden Sie sich direkt an mich. Sie werden immer meine Tochter sein.« Sie richtete sich kerz-engerade auf und gab mir einen Kuss auf die Stirn. Ich konnte nicht glau-ben, was ich gerade erlebte. Da saß ich nun und tauschte Telefonnummern aus mit einer Kriegerin, einer Legen-de im wahrsten Sinne des Wortes.

Allem Anschein nach hat jeder – ob nun Afghane oder nicht – eine andere Meinung von Kommandantin Kaftar. Für manche ist sie eine Heldin, andere nennen sie Warlord, und es gibt sogar Stimmen, die sie in die Nähe der Taliban rücken – ohne jeglichen Nachweis ihrer tatsächli-chen Aktivitäten. Doch sie hat mich ihre Tochter genannt. Zwischen uns bestand ein Band. Ihre Geschichte ist ohne Frage eine der bewegendsten, die es in unserer heutigen Zeit zu erzählen gibt. Ansporn und Vorbild zugleich. Eine afghanische Frau in einer Führungsrolle, die sich ihre Freiheit ohne Mithilfe der Außenwelt erkämpft hat. Vor allem aber hat sie sich Bewegungsfreiheit verschafft in einer Welt, in der den meisten Frauen so gut wie keine Freiheiten oder Chancen zugestanden werden. Sie hat sich bei den afghanischen Männern Respekt verschafft. Die legen-dären Geschichten, die sich um ihre Person ranken, sind in den 34 Provinzen des Landes in aller Munde.

Eine Frau in den Straßen von Kabul, der ich 2015 mit einer kleinen Essens- und Kleiderspende aushalf, sagte mir: »Wenn Kaftar es geschafft hat, dann schaffen wir es auch.« Als ich sie fragte, was sie damit meinte, lächelte sie nur und erwiderte: »Sie gibt uns Hoffnung.« Da wurde mir schlagartig bewusst, welche Bedeutung die vielen Geschichten über Kaftar, seien sie nun wahr oder erdichtet, für die afghani-sche Bevölkerung haben: Afghanische Männer fürchten sie, erweisen ihr jedoch den höchst möglichen Respekt; die Frauen in Afghanistan bewundern sie und möchten dem gefestigten Weg folgen, den sie für sie alle geebnet hat.

DR. SHARIFA YADGARI

»Ich erinnere mich auch noch an Zeiten als Kind, in denen ich keine
Schuhe hatte, keine Schultasche und oft nicht mal Stifte und Hefte.
Doch ich wusste, dass ich es schaffen musste, nicht nur für meine Familie
und mich selbst, sondern auch, um etwas zum Leben in unserer
Gemeinschaft beitragen zu können.«
Dr. Sharifa Yadgari

WENN DIE SEELE KRANK IST –
DIE VERDRÄNGTE VOLKSKRANKHEIT AFGHANISTANS

A

nfang des Jahres 2016 entschloss ich mich nach monatelangen Vorbereitungen, in Kabul ein karitatives Pilotprojekt mit dem Namen *Empowerment through Creativity* (Befähigung durch Kreativität) in der Art einer Einführung in die Kunst- und Beschäftigungstherapie für afghanische Frauen mit psychischen Erkrankungen zu starten. Ich führte an verschiedenen Kabuler Kliniken Gespräche mit Ärzten und Patientinnen, wobei sich herausstellte, wie schwer es ist, überhaupt Krankenstationen zu finden, wo betroffenen Frauen Hilfe zuteilwird. Den Patientinnen, denen ich schließlich begegnete, ging es erschreckend schlecht. Ich habe in den Jahren meiner humanitären Arbeit schon so manchen niederschmetternden Augenblick erlebt, aber diese Besuche der psychiatrischen Abteilungen haben mich nachhaltig erschüttert.

Der Mangel an qualifizierten Psychiatern, Psychologen und Pflegekräften oder schlicht einer angemessenen Infrastruktur macht, zusätzlich zu den kulturellen Schranken, aus der ohnehin schon deprimierenden Situation eine regelrechte Katastrophe. In einer der Kliniken, deren Namen ich aus Sicherheitsgründen nicht nennen kann, lagen zehn Frauen in einem maximal sechs Quadratmeter großen, schmutzigen Raum zusammengepfercht auf dem Boden mit nur einem Teppich unter ihren dünnen Körpern. Niemand schien nach ihnen zu sehen, und der Gestank von Urin auf dem Korridor war einfach unerträglich.

Trotz solcher Entmutigungen stieß ich inmitten all der Trostlosigkeit in einem anderen Krankenhaus auf eine Gruppe von Ärzten und Schwestern unter der Führung einer Frau, Dr. Sharifa Yadgari. In Afghanistan eine weibliche Psychiaterin aufzuspüren, hat Seltenheitswert. Dr. Sharifa Yadgari, 1959 in Mazar-e Scharif im

Im Gespräch mit Dr. Sharifa Yadgari (links)

Norden des Landes geboren, leitet die Frauenstation in der Klinik für psychische Erkrankungen und Suchtpatienten im Zentrum von Kabul. Als ich Dr. Sharifa im August 2016 im Schwesternzimmer der Frauenstation zum ersten Mal gegenüberstand, wusste ich sofort, dass ihre Station für unser Projekt *Empowerment through Creativity* bestens geeignet und sie genau diejenige war, die ich gesucht hatte. Die frisch renovierten, sauberen Korridore der kleinen Station stimmten mich hoffnungsvoll. Was für ein Unterschied zu den Stationen, die ich bisher besucht hatte.

Dr. Sharifa war mit ihren Schwestern und Ärzten beschäftigt, und vor der Tür warteten Patienten auf ihre Sprechstunde. Doch sie saß inmitten der verschiedenen Gespräche um sie herum ganz ruhig da und schrieb an einem Bericht. Sie wirkte äußerlich ernst, ja fast schon streng, vermittelte aber gleichzeitig den Eindruck, den perfekten Ausgleich zwischen Professionalität und Freundlichkeit gefunden zu haben. Ihre selbstbewusste, toughe Ausstrahlung füllte den Raum, obwohl sie selbst nur wenig sprach. Entlang der hellen, türkisen Wände waren eng nebeneinander Stühle aufgestellt, und überall hingen Schaubilder. Direkt vor ihr stand ein alter Holztisch. Dem Anschein nach diente er allen hier als Schreibtisch und darüber hinaus noch als Allzweck-Möbelstück. Mir entging nicht, wie perfekt ihr modischer brauner Chiffonschal und ihr geblümtes Kleid aufeinander abgestimmt waren und wie adrett das Haar unter dem Kopftuch steckte. Sie strahlte Ruhe und Gelassenheit aus, während sie sich zuvorkommend den zahlreichen Anliegen, die an sie herangetragen wurden, widmete, darunter auch meinen Fragen.

Dr. Sharifa, Vorgesetzte von sechs Ärzten, sämtlichen Pflegern und vier Schwestern, berichtete mir von ihrer inzwischen mehr als 30-jährigen Berufserfahrung, womit sie die erfahrenste Psychiaterin Afghanistans sein dürfte. Mit der hiesigen Oberschwester Shima Hamidi arbeitet sie schon seit 1997 zusammen und sie ist ihre beste Freundin. Ein Stipendium, das sie nach Abschluss der Highschool erwerben konnte, ermöglichte ihr den Besuch der Universität in Tadschikistan. Sie heiratete ihren Studienfreund, der inzwischen als Militärarzt/Chirurg tätig ist, und bekam mit ihm 8 Kinder. Während des Studiums überzeugte sie ein hochrangiger russischer Berater davon, sich auf die Psychologie zu spezialisieren. Heute sieht sie, dass dringend mehr Frauen in diesem Fachgebiet benötigt werden. »Die meisten afghanischen Ärztinnen entscheiden sich für die Gynäkologie. Das ist ohne Zweifel sehr wichtig für Afghanistan, aber der Bedarf an Frauen meines Gebiets ist noch erheblich größer und es ist so enorm wichtig für Frauen mit psychischen Erkrankungen, qualifizierte Hilfe zu finden«, erklärte sie.

Ihr Vater, ein Bauarbeiter ohne Schulbildung, war in der neunköpfigen Familie der einzige Ernährer. Trotz großer finanzieller Beschwernisse, doch mit voller Unterstützung der Eltern, konnten Sharifa und ihre Geschwister alle studieren und erfolgreich ins Berufsleben starten. »Die Geldsorgen gaben uns Kindern die Motivation, mehr aus unserem Leben zu machen als unsere Eltern. Ich erinnere mich auch noch an Zeiten, in denen ich keine Schuhe hatte, keine Schultasche und oft nicht mal Stifte und Hefte. Doch ich wusste, dass ich es schaffen musste, nicht nur für meine Familie und mich selbst, sondern auch, um etwas zum Leben in unserer Gemeinschaft beitragen zu können«.

Auch wenn die finanziellen Probleme inzwischen der Vergangenheit angehören, musste Dr. Sharifa Yadgari auf dem Weg nach oben massive Hindernisse überwinden. Bei einer Gelegenheit, so erinnerte sie sich, war ein Vorgesetzter der Ansicht, »Frauen gehörten nicht auf den Arbeitsmarkt« und wollte sie aus ihrer Position entfernen – um dann einem weniger qualifizierten männlichen Verwandten die Stelle zu geben. Sie ging mit ihrem Fall geradewegs zum Gesundheitsministerium und war bereit, auch noch bis zum Parlament, ja sogar zum Präsidenten zu gehen. »Er machte mir auf meiner eigenen Station das Leben zur Hölle. Oft ging ich

>> DIE MEISTEN AFGHANISCHEN ÄRZTINNEN ENTSCHEIDEN SICH FÜR DIE GYNÄKOLOGIE. DAS IST OHNE ZWEIFEL SEHR WICHTIG FÜR AFGHANISTAN, ABER DER BEDARF AN FRAUEN MEINES GEBIETS IST NOCH ERHEBLICH GRÖSSER UND ES IST SO ENORM WICHTIG FÜR FRAUEN MIT PSYCHISCHEN ERKRANKUNGEN, QUALIFIZIERTE HILFE ZU FINDEN. <<

weinend nach der Arbeit nach Hause. Aber ich gehöre nicht zu den Frauen, die man herumschubsen kann. Das Maß war voll. Das sind die Männer, die dafür verantwortlich sind, dass sich das Land nicht weiterentwickelt«, sagte Dr. Sharifa energisch.

Dank der großen Unterstützung von Dr. Ahmad Khetab Kakar, ihrem heutigen Vorgesetzten und Chef des Krankenhauses, in dem sie arbeitet, ist Dr. Sharifa Yadgari zu Führungspersönlichkeit innerhalb und außerhalb ihres Krankenhauses aufgestiegen. All ihre Schwestern und Ärzte bildet sie immer persönlich aus und ermahnt sie täglich, die Patientinnen mit der größtmöglichen Zuneigung zu behandeln, ohne dabei mit ihrem Berufsethos in Konflikt zu geraten.

Dr. Sharifa musste in ihrem Leben schon viele Widerstände überwinden, vor allem in den entsetzlichen sechs Jahren der Taliban-Herrschaft, als nur Frauen mit voller Burka-Verschleierung in Krankenhäusern arbeiten durften. Doch trotz allem betrachtet sie ihr Leben als Geschenk und hofft auf Frieden für Afghanistan. Positives Denken war und ist die einzige Antriebskraft in ihrem Leben.

MARYAM DURANI

»Das ist meine Bestimmung. Ich setze mich ein für Gerechtigkeit und
die Grundfreiheiten für die Frauen von Kandahar. Ich werde das,
so lange ich lebe, für alle afghanischen Frauen tun.«
Maryam Durani

VON ANGST KEINE SPUR

E in im Ausland lebender afghanischer Freund brachte mich im Dezember 2014 Maryam Durani in Kontakt, der Gründerin des ersten Internetcafés für Frauen in Kandahar. Das kostenlose Internetcafé *Malalai Maiwandi* besteht seit 2013. Zu diesem Zeitpunkt wusste ich noch nicht, dass diese unerschrockene Frau im Jahr 2011 auch schon den Radiosender *Merman* (Paschtu für Frau) ins Leben gerufen hatte. Dort geht man alle Themen an, die mit der Ungleichbehandlung der Geschlechter zu tun haben, spricht der Jugend Mut zu und gibt Frauen ein Forum, in dem sie ihre Stimme erheben können. Am meisten erstaunt war ich allerdings darüber, dass dies alles in so einer konservativen Region und in einer der gefährlichsten Städte Afghanistans vor sich ging, nämlich im südlich gelegenen Kandahar, das als Rückzugsort der Taliban gilt.

Ich war verblüfft, wie schnell mein Freund innerhalb weniger Tage einen Flug für mich von Kabul nach Kandahar organisiert hatte und dass täglich eine der national und international operierenden afghanischen Fluggesellschaften alle größeren Städte des Landes anflog, trotz des anhaltenden Kriegszustands. Ich muss gestehen, dass ich einem Besuch in Kandahar mit gemischten Gefühlen entgegensah. Einerseits freute ich mich darauf, eines der größten weiblichen Vorbilder des Landes treffen. Andererseits darf man nicht vergessen, dass die Taliban Kandahar während ihrer Herrschaft zur Hauptstadt Afghanistans gemacht haben und sie deshalb bis zum heutigen Tag eine ihrer Hochburgen ist. Ich war nervös, denn tief in meinem Innern war mir klar, dass ich hiermit eines der größten Sicherheitsrisiken meiner gesamten Reise einging: Ich begab mich in eine der für Frauen gefährlichsten Städte der Welt. Doch von Angst habe ich mich noch nie beherrschen lassen.

Als ich nach meiner Ankunft vom Flugzeug zum Terminal hinüberging, fiel mir auf, dass der Flughafen von Kandahar viel schöner und neuer war als der chaotische, überfüllte und schlecht organisierte Kabuler Airport. Da ich auch jetzt wieder von einem kugelsicheren SUV mit abgedunkelten Scheiben und zwei bewaffneten Sicherheitsleuten abgeholt wurde, wich das Angstgefühl allmählich. Auf der Fahrt zu Maryam Duranis Arbeitsplatz sah ich auf den Straßen der Stadt kaum eine Frau. Ich musste immerzu darüber nachdenken, welche Strategien Maryam Durani wohl anwandte, um die höchst ehrgeizigen Ziele ihres Netzwerks durchzusetzen, eines Netzwerks aus Einzelpersonen und NGO's, die sich alle dafür einsetzen, mithilfe verschiedener (Bildungs-)Programme die Rechte afghanischer Frauen zu stärken und ihnen einen gleichberechtigten Platz in der Gesellschaft zu sichern.

Durani begann ihr politisches Engagement schon in sehr jungen Jahren mit der vollen Unterstützung ihrer Familie. Mit nur 21 Jahren wurde sie 2005 zum ersten Mal in den Provinzrat von Kandahar gewählt und 2009 dann für eine zweite Amtszeit – ein sehr ungewöhnlicher Vorgang im konservativen Kandahar. Sie war eine von nur vier Frauen im Rat und sorgte dafür, dass sich das Gremium an oberster Stelle mit den Belangen von Frauen befasste.

Nach einer Fahrt durch kleine Basare und unbefestigte Seitenstraßen kamen wir schließlich zu Maryam Duranis Arbeitsstätte. Ein junger Mann mit einem Camcorder wartete schon an der Tür. Das war ebenfalls schon von Kabul aus arrangiert worden, damit wir das Interview für mein Buch aufzeichnen konnten. Mir fiel sofort auf, dass vor dem Gebäudekomplex keine Wachen standen, und das machte mich nervös. Durch eine einfache Tür mit einem unbewaffneten Türsteher ging es zum Haupteingang eines recht kleinen Grundstücks mit einem Garten. In seiner Mitte stand ein etwa 15 Meter hoher Sendemast, den man meilenweit sehen musste. Eine ausländisch aussehende Frau, die mit zwei Sicherheitsleuten in einem kugelsicheren Wagen durch Kandahar fuhr und dann dieses Grundstück betrat, bedeutete für uns, auf der Hut zu sein und die Gegend so schnell wie möglich wieder zu verlassen, nicht nur zu unserer eigenen Sicherheit, sondern auch im Interesse der Menschen an diesem Ort.

Ich erkannte Maryam Durani sofort. Als ich mit meinen Bodyguards und dem Kameramann hereinkam, sprach sie auf der offenen Terrasse gerade zu einer Gruppe junger Frauen. Der Türsteher forderte mich unverzüglich auf, die Sicherheitsleute draußen zu lassen, da die meisten Frauen nicht gerne öffentlich ihr Gesicht zeigen. Ich bat meinen Kameramann, keine Aufnahmen zu machen, bis ich die Zustimmung der jungen Frauen hatte. Viele afghanische Frauen haben Angst davor, gefilmt zu werden. Nach den Strapazen, denen sie in all den Jahren des Krieges ausgesetzt waren, und den tagtäglichen Auseinandersetzungen mit dem Familien- und Stammesverband ist es mehr als verständlich, dass sie das bisschen

*Maryam Durani in ihrem Internetcafé für Frauen Malalai Maiwandi
in Kandahar*

Freiheit, das sie sich mit so viel Mühe erkämpft haben, nicht gleich wieder aufs Spiel
setzen wollen.

Als ich langsam auf Maryam Durani zuging, bemerkte sie mich. Sie unter-
brach ihr Gespräch und hieß mich mit einer warmherzigen Umarmung willkommen. Sie stellte mich ihrer Klasse vor. Es war der Tag der Zeugnisübergabe nach
einem Alphabetisierungskurs. Schlagartig vergaß ich mein Unbehagen über den
Mangel an Sicherheitsvorkehrungen und setzte mich zu der Gruppe. Dann folgte
ich der unglaublich charismatischen Ausstrahlung Mayam Duranis und lauschte
ihrer ermutigenden Rede an diese jungen Frauen, deren Leben sie – wie das so viele
anderer – aus eigener Kraft von Grund auf verändert hatte.

Obwohl sie vor ein paar Jahren bei einem Selbstmordanschlag beinahe ums
Leben gekommen wäre, kämpft Maryam Durani immer noch unbeirrt gegen das
stereotype afghanische Frauenbild. Damit ist sie für die Jugend und besonders für
die Frauen im Land ein wunderbares Vorbild. »Ich habe einen starken Glauben.

Mit Maryam Durani (links) im Radiostudio ihres Senders Merman

Das kann einen weit bringen im Leben. Das Einzige, um das ich jede Minute meines Lebens Angst habe, ist die Sicherheit meiner Familie und Freunde, die mich bis zum heutigen Tag immer tatkräftig unterstützt haben«, erklärte sie. Mit großer Hingabe und Beharrlichkeit hat Maryam Durani ihr Leben ganz dem Leitbild einer gestärkten afghanischen Frau gewidmet. »Das ist meine Bestimmung. Ich setze mich ein für Gerechtigkeit und die Grundfreiheiten für die Frauen von Kandahar. Ich werde das, so lange ich lebe, für alle afghanischen Frauen tun.«

Maryam Durani machte mit mir einen Rundgang durch den gesamten Gebäudekomplex. Los ging es mit dem Internetcafé für Frauen. Der kleine Raum umfasste höchstens zwölf Quadratmeter und war ausgestattet mit Computern, die in kleinen Nischen standen. Er erinnerte mich an meine Studentenzeit in Montreal, als ich einmal einen Ferienjob bei einer Telefonmarketing-Agentur hatte. Ich bat um die

Erlaubnis, filmen zu dürfen. Sofort verließ die Hälfte der jungen Frauen den Raum, und die andere Hälfte bedeckte ihr Gesicht. In der Radiostation gingen sowohl Männer als auch Frauen an Computer und in Studios ihrer täglichen Arbeit nach. Um ihre Sicherheit nicht zu gefährden, verzichtete ich hier auf Filmaufnahmen und Fotos. Doch das waren sie, die Männer und Frauen, die jeden Tag Tabus brachen, indem sie in ihren Sendungen die Rolle der Frau in der afghanischen Gesellschaft zum Thema machten. Um dies leisten zu können, hat sich Durani eine Vereinbarung mit den Rebellengruppen in Kandahar getroffen, Themen, die nach islamischen Vorstellungen als sittenwidrig oder unangemessen gelten, aus ihrer Berichterstattung auszuklammern. Doch weiß sie nur zu gut, dass die instabile politische Lage in Afghanistan ihre eigene, die Sicherheit ihrer Familie und die der Angestellten niemals hundertprozentig garantieren kann. Aus diesem Grund nimmt sie innerhalb einer Woche niemals zweimal die gleiche Route zur Arbeit.

> » HÖCHSTES ZIEL IST ES, FRAUEN DIE GLEICHEN BILDUNGSCHANCEN ZU ERMÖGLICHEN UND DIE BEFÄHIGUNG ZU VERMITTELN, MIT IHRER ARBEIT SICH SELBST UND IHRE FAMILIEN ERNÄHREN UND AM WIEDERAUFBAU VON KANDAHAR UND AFGHANISTAN MITWIRKEN ZU KÖNNEN. «

Maryam Durani hat schon einige bedeutende Auszeichnungen entgegennehmen dürfen: 2012 den *Award for International Women of Courage* des amerikanischen Außenministeriums, 2014 den *Four Freedoms Award* in der Kategorie Freiheit der Rede und des Ausdrucks und als Krönung 2012 die Aufnahme in die Liste des TIME Magazine mit den 100 einflussreichsten Persönlichkeiten der Welt.

International anerkannt als eine der wichtigsten Frauenrechtlerinnen, hat sie ihr Wirken ganz dem afghanischen Volk gewidmet. Ihr »höchstes Ziel ist es, Frauen die gleichen Bildungschancen zu ermöglichen und die Befähigung zu vermitteln, mit ihrer Arbeit sich selbst und ihre Familien ernähren und am Wiederaufbau von Kandahar und Afghanistan mitwirken zu können«, erklärte Maryam Durani abschließend stolz.

KAMILA SIDIQI

»Wenn ich die wachsende Zahl von Mädchen in den Schulen und Universitäten und die Zunahme von weiblichen Fachkräften in unterschiedlichen
Bereichen sehe, habe ich den Eindruck, dass wir zu etwas zurückkehren, das
es vor gut 40 Jahren schon einmal gab. Im vergangenen Jahrzehnt hat sich
enorm viel verändert, mehr und mehr Frauen treten als erfolgreiche Unternehmerinnen, Führungskräfte, Politikerinnen in Erscheinung. Ich hoffe, dass
sich dieser Trend in den kommenden Jahren fortsetzen wird.«
Kamila Sidiqi

EINE ECHTE FÜHRUNGSKRAFT UND UNTERNEHMERIN

E

ine gute Freundin erzählte mir 2012 von einem Buch mit dem Titel »Die Schneiderin von Khair Khana«, das später auf den Bestsellerlisten landete. Khair Khana ist eine verhältnismäßig sichere Wohngegend im Nordwesten von Kabul. Das Buch ist eine Würdigung einer beeindruckenden jungen afghanischen Unternehmerin. Obwohl als Lehrerin ausgebildet, war sie während der Taliban-Herrschaft ins Haus verbannt, und um ihre Familie mit elf Geschwistern zu ernähren, gründete sie eine Schneiderei-Heimarbeitsfirma, die erste von vielen. Die Geschichte spulte sich immer wieder wie ein Film in meinem Kopf ab. Ich dachte oft daran, wie viel Mut, Unerschrockenheit und Zuversicht diese 19-Jährige gewonnen hatte, nachdem sie einfach angefangen hatte, an sich zu glauben.

Im März 2016 machte mich eine gemeinsame Freundin beim jährlichen Ladies Lunch des *Aga Khan Development Network* anlässlich des internationalen Frauentages formlos mit der stellvertretenden Stabschefin im Büro des afghanischen Präsidenten, Kamila Sidiqi, bekannt. Ich freute mich sehr, eine intelligente und wortgewandte Frau mit dieser Position kennenzulernen und wollte sofort mehr über diese charismatische weibliche Führungskraft erfahren. Wir tauschten Visitenkarten aus, und mich beschlich das Gefühl, sie von irgendwoher zu kennen, doch ich kam nicht darauf.

Erst am Abend ging mir ein Licht auf. Sie war die 19-jährige Schneiderin, die während der Taliban-Herrschaft mehr als hundert Frauen beschäftigt hatte. Das war tatsächlich die Frau, die mit ihren außerordentlichen unternehmerischen Fähigkeiten heute zu den weiblichen Spitzenkräften des Landes gezählt wird. Gleich am nächsten Tag rief ich sie an und bat um ein Interview. Nur ein paar Tage später traf ich sie in ihrem Haus, wo sie dabei war, ein Treffen ihres Frauen-

Kamila Sidiqi und ihre bezaubernden Kinder

Netzwerks bestehend aus Politikerinnen, Aktivistinnen, Unternehmerinnen und anderen weiblichen Fachkräften aus dem Land vorzubereiten, zu dem sie mich freundlicherweise auch eingeladen hatte.

Mein Fahrer setzte mich vor der Tür zu ihrem Haus im Herzen von Kabul ab. Schon bei meinem Eintritt spürte ich die Warmherzigkeit, die in diesem Haus herrschte, als ihre beiden süßen Kinder und ihr äußerst zuvorkommender Ehemann mich mit strahlendem Lächeln begrüßten. »Ich finde, eine gute Führungskraft muss unbedingt Familie und Berufsleben in Einklang bringen«, sagte Kamila, als wir zwischen den hübschen Nuristan-Möbeln in ihrem großen, behaglichen Wohnzimmer saßen. »Ich hätte nie gedacht, dass ich es so weit bringen würde, als ich mit der Schneiderei anfing. Mein Vater (ein ehemaliger Offizier) und mein Bruder mussten nach massiven Drohungen das Land verlassen. Dadurch war ich gezwungen, die Familie mit durchzubringen.

Das war im Prinzip die Geburtsstunde der Heimarbeitsfirma.«

Ende 1998 trat Kamila dem Women's Community Forum bei, das von der UN unterstützt wird und in Kabul und Umgebung Gesundheits- und Bildungsprogramme für Frauen vorantreibt. Später wurde sie außerdem noch Mitglied bei der IOM, der Internationalen Organisation für Migration. Kamila ist der festen Überzeugung, dass man den Frauen in Afghanistan »die nötigen Möglichkeiten und Sicherheiten« geben muss, »damit sie ihr volles Potenzial entfalten können«. Kamila Sidiqi arbeitet schon fast zwei Jahrzehnte lang in verschiedenen Bereichen in Führungspositionen und hat dabei die volle Unterstützung ihrer eigenen und der Familie ihres Mannes.

Kamilas Fokus ist ganz auf die Problematik der Ungleichbehandlung der Geschlechter gerichtet. Deshalb hat sie in Kabul ein Center eingerichtet, in dem

Frauen Lesen und Schreiben lernen sowie eine Berufsausbildung erhalten können. »Wenn es in meiner Macht stünde, würde ich den Analphabetismus unter Frauen in Afghanistan komplett abschaffen«, erklärte Kamila und fügte nachdrücklich hinzu: »Ich bin der festen Überzeugung, dass die Frauen, die das Potenzial und die Möglichkeiten haben, anderen Frauen zu helfen, die Pflicht haben, es auch zu tun.«

Sie ist sich sicher, dass es heutzutage in Afghanistan »jede Menge Geschäftsmöglichkeiten für Frauen gibt«. 2004 gründete sie, nur mit einem Computer und einer außergewöhnlichen, unerschütterlichen Beharrlichkeit, die *Kaweyan Business Development Services* (KDBS), die erste Unternehmensberatungsfirma des Landes. Daraus geworden ist eine riesige Unternehmensgruppe. Unter der Ägide von KDBS operieren inzwischen die Consultingfirma *Bawaar Consulting Group*, das Trockenobst-Unternehmen *Naweyan Nawed*, das mehr als 10 000 Bauern unterstützt, der erste Taxiservice unter weiblicher Leitung sowie *Kaweyan Logistics* und das *Kaweyan Job Center*. Der Weg zum Erfolg ist für Kamila nicht immer geradlinig verlaufen. »Als ich anfing, traute niemand Frauen etwas zu. Man hielt sie nicht für fähig, sich der Verantwortung und den Herausforderungen des Lebens zu stellen, und glaubte, dass sie nur fürs Haus taugten. Ich habe gegen die Norm aufbegehrt und hart gearbeitet, um zu beweisen, dass Frauen sich in traditionellen Männerdomänen wie der Geschäftswelt, der Staatsführung und den Führungsetagen sehr wohl auszeichnen können.« Ihr ganzes Leben lang ist Kamila, nach ihren eigenen Worten, »gut durchdachte Risiken« eingegangen. Mit der Umsetzung von mehr als 50 Entwicklungsprojekten in Afghanistan ist sie nicht nur mit gutem Beispiel vorangegangen und hat Start-up-Unternehmen auf ihren ersten Schritten eng begleitet, sie hat vor allem Tausende afghanische Jugendliche und Frauen positiv beeinflusst und unter ihre Fittiche genommen.

»Wenn ich die wachsende Zahl von Mädchen in den Schulen und Universitäten und die Zunahme von weiblichen Fachkräften in unterschiedlichen Bereichen sehe, habe ich den Eindruck, dass wir zu etwas zurückkehren, das es vor gut 40 Jahren schon einmal gab. Im vergangenen Jahrzehnt hat sich enorm viel verändert, mehr und mehr Frauen treten als erfolgreiche Unternehmerinnen, Führungskräfte, Politikerinnen in Erscheinung. Ich hoffe, dass sich dieser Trend in den kommenden Jahren fortsetzen wird«, erklärt Kamila.

Obwohl Kamila Sidiqi, die stolz ist auf ihre afghanische Identität, findet, dass einige der traditionellen afghanischen Werte unbedingt erhalten werden müssen, glaubt sie auch, dass »manche Traditionen, die im Grunde rückschrittlich sind und die Entwicklung hemmen, überdacht werden sollten«. Kamila ist zuversichtlich, dass in Zukunft auch Frauen einen aktiven Beitrag zur afghanischen Wirtschaft und Politik leisten werden. Wie viele Aktivisten überall auf der Welt hofft sie, in Afghanistan bald mehr Frauen in Führungspositionen zu sehen.

In einer UNICEF unterstützten Schule in der Provinz Balkh im Norden Afghanistans

SHAIMA NOORI

»Nach außen hin wird der Schein gewahrt, aber hinter unseren Rücken
werden wir beleidigt oder bezichtigt, Prostituierte zu sein. Es ist immer auch
eine Portion Neid mit im Spiel. Ich glaube wirklich, dass sich Männer in
Afghanistan durch Frauen – ob beim Militär oder auch in jedem anderen
Beruf – bedroht fühlen. So lange schon halten sie die Frauen für schwach
und unfähig, einen sogenannten Männerjob auszuüben. Und mit einem
Mal sind sie nun mit weiblichen Kollegen konfrontiert, die dieselbe Arbeit
erledigen und mitunter sogar kompetenter sind als sie.«
Shaima Noori

EINE PILOTIN ALS SYMBOL FÜR DIE RECHTE DER FRAUEN

B is zu meinem fünfzigsten Geburtstag, habe ich mir vorgenommen, habe ich entweder den Pilotenschein schon gemacht oder bin in einer Flugschule angemeldet. Immer schon habe ich davon geträumt, selbst zu fliegen. An einem Punkt in meinem Leben habe ich Pilotin sogar als Berufsziel in Erwägung gezogen. Als ich mich nach inspirierenden afghanischen Frauen für dieses Buch umsah, stand daher fest, dass unbedingt eine Pilotin dabei sein sollte. Ich ahnte dabei nicht, dass sich dies als eine der schwierigeren Aufgaben, Recherche und Interview betreffend, erweisen würde. Weibliche Piloten findet man in Afghanistan nur beim Militär, da es immer noch keine zivilen Flugschulen gibt. Die wenigen Pilotinnen, die es gibt, sehen sich seitens der Gesellschaft und ihrer Familien so großem Druck ausgesetzt – von Rebellengruppen ganz zu schweigen –, dass sie es vermeiden, sich als afghanische Pilotinnen zu erkennen geben.

Über Freunde und familiäre Kontakte konnte ich schließlich eine Pilotin ausfindig machen, die bereit war, sich für dieses Buch interviewen zu lassen. Im Dezember 2014 rief mich während meiner Recherchereise durch Afghanistan ein guter Bekannter an und bestätigte das langersehnte Gespräch, das er mit Shaima Noori vereinbart hatte. Sie ist eine der weiblichen Starrflügelpiloten auf dem an den Kabuler Flughafen angegliederten Luftwaffenstützpunkt der afghanischen Armee.

Ein paar Tage später fuhr ich wieder einmal in einem kugelsicheren Wagen durch den chaotischen Straßenverkehr Kabuls in Richtung Luftwaffenstützpunkt. Ich war schon ganz gespannt darauf, eine Pilotin zu treffen und zum ersten Mal den afghanischen Militärflugplatz zu besichtigen. Ich hatte schon oft von meinem bequemen Sitz aus mehreren Hundert Kilometern Höhe auf die Massen von Militärhubschraubern, Frachtmaschinen und Ambulanzflugzeugen hinuntergesehen, wenn ich bei meiner Anreise auf den Kabuler Flughafen zugeflogen kam.

Zu dem Treffen begleitete mich eine Reporterin eines TV-Nachrichtenteams. Ich hatte bereits eine Abmachung mit dem Eigentümer der Mediengruppe getroffen, dass man mir das Filmmaterial für meine Dokumentation zur Verfügung stellen würde. Wir erreichten das Hauptgebäude der Militärbasis, wo ich vor dem Interview zunächst noch mit dem General sprechen sollte. Dafür mussten wir mindestens drei Kontrollpunkte passieren. Kontrollpunkte gehören für alle, die in Afghanistan leben oder zu Besuch sind, inzwischen schon zur Normalität. Das Auto wurde wie üblich mit Spürhunden und Metalldetektoren gründlich von außen überprüft. Es kommt mir aber immer seltsam vor, dass sich nie jemand an diesen Kontrollpunkten das Innere der kugelsicheren Fahrzeuge wirklich anschaut.

Militärischer Kontrollposten mit der Flagge Afghanistans

Schließlich wurden wir zum General geleitet. General Wardak war ein geistreicher, höflicher Mann mit breiter Statur und den typisch afghanischen Gesichtszügen. Stolz und aufrecht stand er da und begrüßte mein Team und mich. Zuerst erzählte er uns fast eine Stunde lang geduldig und humorvoll von seinem Leben und den mehr als dreißig Jahren im Einsatz als Pilot in allen afghanischen Kriegen. Doch dann wurde er ernst und fing an, uns darüber zu belehren, wie wir uns auf dem Militärstützpunkt zu verhalten hätten. »Bringen Sie sich nicht in Schwierigkeiten, junge Dame!«, schärfte mir General Wardak mit autoritärer Stimme ein und blickte mir dabei fest in die Augen.

In diesem Augenblick trat eine selbstbewusste und äußerst höfliche junge Frau zusammen mit zwei weiteren Soldaten ins Zimmer. Sie trug den grünen Overall der Armee, und mir fiel sofort der Aufnäher in Form eines Flügels auf ihrer

linken Brust auf. Darauf stand: »1 LT Noori, Pilot«, also Oberleutnant der Luftwaffe Shaima Noori. Ich war wie gebannt von der subtilen und gleichzeitig sehr
professionellen Art der 22-Jährigen. Kurz nachdem wir einander offiziell vorgestellt
worden waren, begannen zwei Leutnants uns über den Luftwaffenstützpunkt zu
führen. Während dieser Besichtigungstour sollte ich mein Interview mit Shaima
machen.

Ich fragte nach den Widerständen und Problemen, denen Frauen in der Armee ausgesetzt sind. »Probleme sind in allen Berufen nichts Neues für Frauen, besonders in der Armee«, bekräftigte Shaima. »Meine Familie und vor allem mein
Vater haben mir zuerst nicht ihre Zustimmung gegeben, nicht weil sie etwas dagegen hatten, sondern weil es den Leuten unmöglich war, eine Frau in der Armee zu
akzeptieren, ganz zu schweigen von einer Pilotin. Afghanen sehen solche Berufe,
bei denen man allein mit Männern unterwegs ist, normalerweise nicht als Kar-
riereweg für ihre Töchter. Es ist nur etwas für die Söhne. Aber als man mich erst
einmal genommen hatte, konnten sie nicht mehr viel sagen«, erklärte Shaima mit
einem Lachen.

Schon nach wenigen Minuten wurde ich mit dem ersten von vielen Problemen konfrontiert. Eine ausländisch aussehende Frau mit einem Filmteam kam jedem vorübergehenden Militär verdächtig vor. Jeder einzelne von ihnen hielt uns an
und wollte unsere Papiere sehen. Wir wurden gehindert, weiter zu filmen, und das
Interview wurde ständig unterbrochen. Ich bat meinen Kameramann, die Kamera
herunterzunehmen, aber weiter laufen zu lassen, denn es war vermutlich meine
einzige Gelegenheit, mit Shaima zu sprechen. Ich stellte ihr weitere Fragen, während die Kamera ihre Stimme aufnahm, auch wenn kein Bildmaterial dabei heraus-
kam.

Shaima, die Älteste in ihrer Familie, stammt aus der Provinz Ghazni im Südosten von Afghanistan. Mit achtzehn Jahren meldete sie sich 2010 für das Luftwaf-
fen-Programm an. Damals arbeitete sie noch im Verteidigungsministerium. Sie sah
in dem Programm, mit dem das US Militär mehr Frauen für die afghanische Armee
und die Luftwaffe gewinnen wollte, ihre beste Chance, ihren Traum vom Fliegen zu
verwirklichen. Der Kurs begann mit 45 Frauen.

Einwände gegen Frauen in der Armee kommen nicht nur aus der afghanischen Gesellschaft. Shaima zufolge sind Frauen auch innerhalb der Armee einer
Vielzahl von Widerständen ausgesetzt. Der Leutnant, der uns begleitete, wies Shaima sofort an, den Mund zu halten beziehungsweise »zu keiner Zeit etwas Belas-
tendes gegen die Armee« zu sagen. Auf ihre selbstbewusste und sehr subtile Art
begann Shaima einen Wortwechsel mit dem Leutnant. »Wenn wir nichts Negatives
sagen, dann endet es wie immer. Ihr wollt nur, dass ich die Armee lobe, aber wir
Frauen sehen uns jeden Tag großen Problemen gegenüber«, sagte Shaima freund-

lich, aber bestimmt. – »So sind die Regeln, und wenn Ihnen das nicht passt, dann sollten Sie zum General gehen«, entgegnete der Leutnant mit Nachdruck.

Dass die internationalen Geldgeber auch in der Armee auf Gleichstellung der Geschlechter drängen, mag ja gut gemeint sein, doch für die Afghanen bedeutet das eine immense kulturelle und gesellschaftliche Hürde. Manche Experten bezeichnen es als »ehrgeiziges, aber nicht realistisches Ziel«. Die USA als der größte Geldgeber beim Aufbau der afghanischen Armee und des afghanischen Sicherheitsapparats streben 10 Prozent Frauen im Militär an. Wir sollten allerdings nicht vergessen, dass die USA selber nur etwa 15 Prozent Frauen in ihrer Armee haben, und auch andere demokratische und wirtschaftsstarke Länder Europas liegen noch unter dieser Quote. Selbst in der deutschen Armee gibt es nur ungefähr 11 Prozent Frauen. Gleichstellungsbeauftragte der NATO haben zwar die Zahl der weiblichen Militärangehörigen für Afghanistan innerhalb der kommenden zehn Jahre auf 5000 festgelegt, doch gibt es bei der Luftwaffe nur etwa 60 Frauen.

> **» ICH SEHE MEHR IN MIR ALS NUR EINE MILITÄRPILOTIN. ICH VERSTEHE MICH AUCH ALS SYMBOL FÜR DIE RECHTE DER FRAU. ... ICH WÜNSCHE MIR MEHR FRAUEN AUF DIESEM GEBIET, DENN NUR GEMEINSAM KÖNNEN WIR DIE IDEOLOGIEN UND DIE ANSICHTEN IN UNSEREN GESELLSCHAFTEN ÄNDERN. «**

»Nach außen hin wird der Schein gewahrt, aber hinter unseren Rücken werden wir beleidigt oder bezichtigt, Prostituierte zu sein. Es ist immer auch eine Portion Neid mit im Spiel. Ich glaube wirklich, dass sich Männer in Afghanistan durch Frauen – ob beim Militär oder auch in jedem anderen Beruf – bedroht fühlen. So lange schon halten sie die Frauen für schwach und unfähig, einen sogenannten Männerjob auszuüben. Und mit einem Mal sind sie nun mit weiblichen Kollegen konfrontiert, die dieselbe Arbeit erledigen und mitunter sogar kompetenter sind als sie«, sagte Shaima. Mit Unterstützung ihrer Vorgesetzten, die, so Shaima, »sehr freundlich sind und den Frauen sehr viel mehr helfen als die anderen bei der Luftwaffe«, fliegt sie Frachtflugzeuge und drei- bis viermal in der Woche verwundete und getötete Soldaten an verschiedene Standorte im Land. Mit einer Bilanz von gut 600

Pilotin Shaima Noori beim Check ihres Starrflügelflugzeugs

Flugstunden fliegt sie genauso unerschrocken Versorgungsgüter in Konfliktzonen wie Helmand oder Kundus.

»Ich weiß, dass es kein leichter Weg ist für mich oder irgendeine andere Frau beim Militär oder in einem anderen männerdominierten Beruf in Afghanistan, aber ich bezweifle, dass es für Frauen in anderen Teilen der Welt anders ist. Ich sehe mehr in mir als nur eine Militärpilotin. Ich verstehe mich auch als Symbol für die Rechte der Frau. Ich möchte das für den Rest meines Lebens tun. Ich möchte auch größere Flugzeuge fliegen. Ich wünsche mir mehr Frauen auf diesem Gebiet, denn nur gemeinsam können wir die Ideologien und die Ansichten in unseren Gesellschaften ändern. Das Land kann nur dann gedeihen, wenn wir die Grenzen sprengen und Tabus bezüglich der Rolle der Frau brechen. Es ist mir vollkommen bewusst, dass es ein langer Weg ist, aber es ist kein unmöglicher Weg«, erklärte Shaima abschließend.

Im Cockpit des Starrflüglers mit
Pilotin Shaima (links)

NEGIN KHPALWAK & ZARIFA ADIBA

»Die internationalen Medien vermitteln ein falsches Bild der afghanischen
Frauen. Wir sind nicht zu Hause angebunden. Wir engagieren uns
aktiv in unserer Gesellschaft. Ja, es gibt Gewalt und Unterdrückung von
Frauen, aber es gibt auch großartige Frauen, die mutig voranschreiten
und engagierte Mitglieder der afghanischen Gesellschaft sind.«
Zarifa Adiba

♫

ZWEI MUSIKERINNEN ALS FRIEDENSBOTSCHAFTERINNEN

A

n den Tag Anfang 2016 kann ich mich noch gut erinnern, als ich mit großer Bewunderung einen Bericht im Fernsehen über einen Auftritt des *Afghan National Institute of Music* (ANIM) in der renommierten New Yorker Carnegie Hall sah. Danach folgte noch die Vorstellung eines seiner Ensembles, des *Zohra* Orchesters, des ersten weiblichen Orchesters in Afghanistan. Negin Khpalwak, eine junge Dirigentin, stand mit ihrer schlanken Gestalt und anmutigen Bewegungen selbstbewusst vor einer großen Gruppe von jungen Musikerinnen, die mit unterschiedlichen westlichen und östlichen Instrumenten traditionelle afghanische Lieder zur Aufführung brachten. Das Spiel der jungen Frauen war ausgezeichnet, harmonisch und elegant. Ich bin eine leidenschaftliche Musikliebhaberin, deshalb ging mir das Gesehene nicht mehr aus dem Sinn. Ein rein weibliches Orchester in einem Land wie Afghanistan, wo noch vor fünfzehn Jahren unter dem Taliban-Regime jegliche Musik verboten war und alle Instrumente verbrannt wurden! Ihr Mut machte mich sprachlos. Ich musste sie unbedingt kennenlernen.

Bei meiner nächsten Reise nach Kabul brachte mich ein guter Freund, ein Journalist, gleich mit dem Mann in Kontakt, der hinter ANIM steht, dem Gründer und Direktor Dr. Ahmad Naser Sarmast. Mit ihm verabredete ich einen Besuch im Institut und ein Treffen mit zwei der ersten weiblichen Dirigenten Afghanistans, Negin Khpalwak, 19, die ich bereits im Fernsehen gesehen hatte, und Zarifa Adiba, 17.

Sarmast, selbst Dirigent, ist ein Visionär. 2010 gab er sein bequemes Leben im australischen Exil auf und zog wieder in sein Heimatland Afghanistan.

Im Proberaum: Negin Khpalwak dirigiert das Jugendorchester des ANIM (Afghan National Institute of Music).

Obwohl er Ende 2014 während einer Aufführung im Institut Français in Kabul Opfer eines Selbstmordanschlags wurde, der ihn fast das Leben gekostet hätte, sagte Dr. Sarmast: »Der Vorfall trieb mich dazu, für immer hierzubleiben und noch härter zu arbeiten. Unsere Arbeit in Afghanistan entwickelt sich und wird sich am Ende positiv auswirken, gemeinsam werden wir dem Extremismus eine Absage erteilen.«

Das ANIM-Institut liegt im Herzen von Kabul in der Nähe der Universität, und schon beim Betreten des Hofs schallte das ansteckende Lachen der Kinder, Jungen wie Mädchen, aus allen Ecken des Instituts. In ihren schlichten grau-burgunderroten Uniformen spielten einige von ihnen mit solcher Freude im Hof. Einige stammten mit ihren strahlenden blauen Augen, blonden Haaren und der hellen Haut ganz offenkundig aus dem Norden, während die großen, haselnussbraunen Augen und die dunklere Haut der anderen sie den südlichen Provinzen zuwiesen. Als ich hörte, wie sich die Kinder in unterschiedlichen afghanischen Dialekten miteinander verständigten, vergaß ich für einen Moment das Leid und die verheerenden Dinge, die sich außerhalb der Mauern des Instituts abspielten. Eintracht war das erste Wort, das mir in den Sinn kam, während ich mich von der so ungewohnten wohltuenden Atmosphäre mitreißen ließ. Ich wurde durch die engen Korridore zum Büro von Dr. Sarmast geführt, wo ich Negin und Zarifa treffen sollte. Aus jedem der winzigen Räume auf dem Weg erklang Musik, die mein Herz erfüllte. Ich war buchstäblich in einem musikalischen Himmel.

Dr. Sarmast war so freundlich, mich zunächst durch das Gebäude zu führen und mir alles Wissenswerte über diesen wundervollen sicheren Hafen und seine fast 300 Schüler zu erzählen. Dann nahm er mich mit in einen Probenraum, in dem ausländische Lehrkräfte mit dem Jugendorchester übten. Negin und Zarifa standen vor dem Orchester und dirigierten. Nach jedem Stück tauschten sie die Plätze. Negin beeindruckte mich mit ihrem anmutigen und sanften Auftreten und auch ihre Kollegin und Freundin Zarifa war äußerst charismatisch und bestimmt; beide Mädchen übten geduldig und ausdauernd. Danach setzten wir uns zum Gespräch zusammen. Ich bin immer wieder neu verblüfft darüber, dass die afghanischen Mädchen einerseits die junge Generation verkörpern und andererseits mit solcher Weisheit und Erfahrung wie der eines viel älteren Menschen sprechen. Krieg und Zerstörung hat diesen jungen Frauen so viel geraubt, und doch kämpfen sie mit großer Beharrlichkeit für die Erfüllung ihrer Träume.

Negin wurde in der Provinz Kunar im Osten Afghanistans geboren, die als eine der konservativsten Ecken des Landes gilt, Zarifa stammt aus dem kleinen Dorf Zarsang südlich von Kabul. Beide Mädchen mussten große familiäre Differenzen und sogar Todesdrohungen ertragen, doch hat sie das nicht davon abgehalten, mit aller Kraft ihre »verbotenen Träume« weiterzuverfolgen.

Als Negin erst neun Jahre alt war, entschloss sich ihr Vater, sie auf ein Internat einer gemeinnützigen Organisation für Waisenkinder in Kabul zu schicken, da es in ihrem Dorf keine Schule für Mädchen gab. Er wollte ein anderes Leben für Negin als das, was seine konservative Paschtunen-Familie für Mädchen vorsah. In den zehn Jahren im Internat bekam Negin ihre Familie nur in den Ferien zu sehen. 2010 sorgte die Schule dann dafür, dass sie sich bei ANIM bewarb, denn man hatte ihr musikalisches Talent erkannt. Doch nachdem sie in der Musikschule angefangen hatte, wurde es für das junge Mädchen zunehmend zum Problem, den Besuch dort und ihre Ausbildung vor ihrer Familie geheim zu halten, nur ihrem Vater vertraute sie sich an. Obwohl Musik und Gesang nicht mehr wie zu Zeiten der Taliban verboten sind, sind sie selbst heute noch bei den meisten Familien und Gemeinschaften überall im Land verpönt. Und zwar für Männer und Frauen. Bei Frauen wird Musik als besonders unanständige Beschäftigung angesehen. Zwar fördern manche Familien eine musikalische Ausbildung ihrer Töchter, doch sind sie, wenn sie mit ihren Instrumenten zu Aufführungen durchs Land reisen, oft starken Anfeindungen vonseiten der afghanischen Bevölkerung ausgesetzt, die immer noch eine sehr konservative Denkweise hat, besonders wenn es um Musik geht.

Trotz des großen Drucks und sogar Todesdrohungen von ihrem Stamm und der restlichen Familie, entschloss sich Negins Vater, den Traum seiner Tochter zu schützen, indem er mit der engeren Familie, Negins Mutter und Geschwistern, nach Kabul zog. Dies war nicht nur mit großen finanziellen Beschwernissen verbunden, sondern hatte auch den Ausstoß aus der Dorfgemeinschaft und der Großfamilie zur Folge. Sogar Negins Mutter, die stark unter dem Einfluss der Dorfbewohner und ihrer Familie stand, lehnte die Ambitionen ihrer Tochter entschieden ab und wollte anfangs nichts mehr von ihr wissen. Doch mit Dr. Sarmasts Hilfe konnten sie Mitte 2016 in Kabul ein neues Leben beginnen. Zeitweise hätte Negin ihren Lebenstraum, Pianistin und Dirigentin zu werden, ihrer Familie zuliebe beinahe aufgegeben. Doch ihr Vater wollte nichts davon hören. »Mein Vater sagte mir, ich solle niemals meine Träume aufgeben. Er sagte, wenn ich mit der Musik und dem Lernen aufhörte, würde ich nur den Prozess der Unterdrückung der Frauen in Afghanistan unterstützen. Es wäre Zeit, etwas zu verändern. Ich stand unter starkem Stress und war sehr deprimiert, aber er hat jeden Tag auf mich eingeredet, weil er nicht wollte, dass ich kapituliere. Dadurch fühlte ich mich besser. Er hat mir mit seinen Worten so viel Kraft gegeben. Von da an wichen die Angst und der psychologische Druck. Heute lasse ich mich von keinen Drohungen mehr einschüchtern. Ich habe dadurch zwar den größten Teil meiner Familie verloren, aber ich bin fest entschlossen, die Ansichten der Afghanen über Musik zu ändern.«

Zarifa stieß 2014 zu ANIM. Bis heute hat auch sie die Musikschule vor den meisten Mitgliedern ihrer Familie geheim gehalten. Sie versteckte ihre Schuluniform in ihrer Tasche und zog sich erst an Ort und Stelle um. Zarifas Vater starb mit 60 Jahren ein paar Monate nach ihrer Geburt. Seine zweite Frau, Zarifas Mutter, war da erst 16. Ihre Stiefbrüder und -schwestern machten ihr von da an das Leben zur Hölle. Sie wollten sie nicht bei sich haben und warfen sie mehrmals aus dem Haus. Dann musste sie die Nacht auf den unsicheren Straßen von Kabul verbringen. »Ich habe Dinge erlebt, die eine Vierzehnjährige niemals erleben sollte. Es war die schlimmste Zeit meines Lebens. Ich wollte nicht mehr weiterleben«, erzählt Zarifa. Ihre Mutter schickte Zarifa schließlich nach Quetta in Pakistan zu den Großeltern in der Hoffnung, dass sie sich dort erholen würde und ein normales Leben führen konnte. Im Haus der Großeltern lernte Zarifa Musik und Gesang als Mittel der Unterhaltung kennen. Und so kam sie mithilfe der Familie ihrer Mutter wieder zu Kräften und fand in der Musik die große Liebe. Sie wurde zu ihrem Rettungsanker und gab ihr einen Grund zum Weiterleben. »Ich war sehr krank. Die Musik und die Familie meiner Mutter haben mich gerettet«, erinnerte sich Zarifa.

2014 kehrte sie gestärkt nach Kabul zurück und fing ein ganz neues Leben an. Mithilfe eines Musikprofessors kam Zarifa mit Dr. Sarmast in Kontakt, der ihr Talent erkannte und spürte, dass eine Führungspersönlichkeit in ihr steckte. Da sie darüber hinaus bei der Aufnahmeprüfung auch noch die höchste Punktzahl erzielte, nahm er sie in die Musikschule auf. Im Juli 2016 bekam Zarifa mit Unterstützung ihrer Lehrer und ihres großen Förderers und Helden, Dr. Sarmast, als erste Afghanin ein Stipendium für ein 16-tägiges Ausbildungsprogramm an der renommierten Universität von Yale. An diesem Programm nahmen 250 Studenten aus 116 Ländern teil. In der Rückerinnerung eine sagenhafte und prägende Reise für die junge Frau. Heute beginnt Zarifas Tag um 5 Uhr in der Früh, unterrichtet zunächst an einer privaten Sprachenschule Englisch, um ihre Mutter finanziell zu unterstützen, und geht danach zu ihrem eigenen Unterricht an ihrem Ort der Freiheit und der Hoffnung, ANIM.

Zarifa und Negin machen ihren Familien oder der afghanischen Gesellschaft im Allgemeinen nicht wirklich einen Vorwurf wegen ihres Umgangs mit weiblichen Musikern. Nach Ansicht der Mädchen müssen die Afghanen erst einmal richtig über Musik aufgeklärt werden. »Bis zu dem Tag, an dem die Künste den Platz im Denken aller Afghanen gefunden haben, den sie verdienen, müssen wir clever und geduldig sein. Wir sind uns sicher, dass es anders wird, es braucht einfach nur Zeit und Aufklärung«, sagte Zarifa, und Negin stimmt ihr von ganzem Herzen zu.

Den jungen Dirigentinnen zufolge machten es die weiblichen Popsänger in der afghanischen Un-

> » WIR SIND NICHT SO VORSINTFLUTLICH, WIE ES IN DEN INTERNATIONALEN MEDIEN DARGESTELLT WIRD. WIR SIND AUCH NICHT ALLE TERRORISTEN. WIR VON ANIM SIND FRIEDENSBOTSCHAFTER, BAUEN BRÜCKEN UND VERBINDEN DIE WELT DURCH DIE ALLUMFASSENDE SPRACHE DER MUSIK. «
>
> NEGIN KHPALWAK

» MEIN VATER SAGTE MIR, ICH SOLLE NIEMALS MEINE TRÄUME AUFGEBEN. ER SAGTE, WENN ICH MIT DER MUSIK UND DEM LERNEN AUFHÖRTE, WÜRDE ICH NUR DEN PROZESS DER UNTERDRÜCKUNG DER FRAUEN IN AFGHANISTAN UNTERSTÜTZEN. ES WÄRE ZEIT, ETWAS ZU VERÄNDERN. «

NEGIN KHPALWAK

terhaltungsszene, die zum größten Teil westliche »Importe« seien, den in Afghanistan lebenden Musikerinnen schwer. Zwar sind sowohl Negin als auch Zarifa froh darüber, dass auf diese Weise zur musikalischen Entwicklung in der Post-Taliban-Ära beigetragen wurde, doch finden sie auch, dass die Popsängerinnen mit der Zurschaustellung ihrer Körper den zweiten Schritt vor dem ersten gemacht haben. Negin erklärte es genauer: »Es ist ein Rückschlag für alle, die die Ansichten der Afghanen über Musik und die Rolle der Frauen darin wirklich verändern wollen. Diese Sängerinnen haben geglaubt, sie würden etwas für die Rechte der Frauen tun. Aber so kämpft man nicht für Frauenrechte in einem islamischen Land, das seit Jahrzehnten mit Extremismus zu tun hat und sich gerade erst aus der Unterdrückung befreit hat. Es ist ein falscher Ruf nach Freiheit.« – »Wenn diese Sängerinnen von Freiheit und Frauenrechten sprechen, dann haben sie auch eine Verantwortung, sich den jungen Frauen gegenüber als Förderer und Vordenker zu verhalten. Sie leben im Ausland und kommen nur für eine kurze Zeit hierher. Und wir müssen dann sehen, wie wir mit den schlimmen Beleidigungen und Einschüchterungen der afghanischen Gesellschaft und sogar unserer eigenen Familien fertig werden«, fügt Zarifa hinzu.

Musik ist für Negin und Zarifa von einer Kunst zu einer Friedensbotschaft geworden. Negins Ziel ist es, die beste Dirigentin und Arrangeurin in Afghanistan zu werden. Zarifa, die am Anfang einfach nur Musikerin werden wollte, bezeichnet heute die Musik als Wegweiser, der sie zu ihrem eigentlichen Traum führen soll: Politikerin zu werden. Denn eins steht für Zarifa fest: »Nur ein Politiker kann sicherstellen, dass die Künste und die Musik ihren angemessenen und ehrenhaften Platz in Afghanistan finden, so, wie sie es verdienen.« Mit der Musik kommunizieren sie, was sie nicht in Worte fassen können: ihre Sorgen und die Gefährdung ihrer Hoffnungen und Träume. Zarifa zufolge ist die Musik für Mädchen ganz besonders wichtig, vor allem in Afghanistan, wo die

Mehrheit der Mädchen, entweder gezwungenermaßen oder von sich aus, nicht imstande ist, ihren Gefühlen Ausdruck zu verleihen.

Musik ist für die Mädchen und alle Schüler von ANIM zum Zeichen der Hoffnung geworden. Sie spüren die große Verantwortung, etwas zu verändern. Damit sie Brücken bauen können zwischen Afghanistan und dem Rest der Welt, bekommen die Mädchen finanzielle Unterstützung durch die internationale Gemeinschaft und treten weltweit auf. Und das nicht nur in der renommierten Carnegie Hall in New York oder dem Kennedy Center in Washington, das Ensemble spielt regelmäßig auch vor den großen politischen und wirtschaftlichen Führern der Welt. »Wir würden niemals aus Afghanistan weggehen. Ich bin sehr zuversichtlich. Afghanistan wird sich wandeln. Da bin ich ganz sicher. Ich fühle mich sehr geehrt, dass Negin und ich zu der Generation gehören, die dieses Land zum Besseren verändern wird. Selbst wenn wir dafür sterben, ist es das wert. Als afghanisches Mädchen habe ich die Pflicht, für das Wohl meines Landes zu kämpfen, und das ist eine besondere Ehre«, fasste Zarifa zusammen.

FATIMA GAILANI

»Es geschehen so viele positive Dinge in Afghanistan. Das düstere Bild,
das die Medien von Afghanistan zeichnen, ist nicht die ganze
Wahrheit. Aber ich weiß ja, dass für die Medien gute Nachrichten meist
keinen Nachrichtenwert haben. Und das ist generell ein Unding,
besonders schlimm aber für kriegsgeschundene Länder wie Afghanistan.«
Fatima Gailani

☾

HILFE VON HERZEN

S

o lange ich zurückdenken kann, waren mir Fatima Gailani, die ehemalige Präsidentin des afghanischen Roten Halbmonds (ihre Amtszeit dauerte über ein Jahrzehnt von 2005 bis 2016), ihre Arbeit und die Rolle ihrer Familie in der afghanischen Gesellschaft und der Politik ein Begriff. Sie ist allseits bekannt und hoch angesehen für ihren unermüdlichen Kampf um Frieden und Gerechtigkeit – schon während der russischen Besatzung, auch danach noch im Exil und darüber hinaus. Die Männer und Frauen, die das Vergnügen hatten, Fatima Gailani zu begegnen, waren nicht selten sprachlos angesichts ihrer eleganten Erscheinung und ihres scharfen Verstandes, wie meine Mutter und andere Verwandte oft erzählten.

Mein Wunsch, diese starke und beeindruckende Persönlichkeit kennenzulernen, erfüllte sich im Jahr 2015, als ich ihr zum ersten Mal in Kabul persönlich begegnete. Zu meiner Überraschung kam sie zum dortigen Start meiner internationalen Stand up for Unity-Kampagne. Kurzerhand fragte ich sie, ob ich sie für mein Buch interviewen dürfe. Sie war so liebenswürdig, mir meine Bitte zu erfüllen, und lud mich sogar ein, bei einem Essen ihre Familie und vor allem ihren berühmten Vater, Pir (was Führer bedeutet) Gailani, zu treffen.

An einem wunderschönen sonnigen Vormittag im August 2015 holte Fatima Gailani mich und eine gemeinsame Freundin mit ihrem weißen Range Rover ab. Nur mit einem Fahrer und einem unbewaffneten Mann auf dem Beifahrersitz fuhren wir nach Paghman, eine Stadt im Westen der Provinz Kabul. Die Gegend ist für ihre herrlichen Gärten bekannt, ein Anziehungspunkt für alle Afghanen. Nach einer reibungslosen Fahrt von etwa 45 Minuten kamen wir bei dem riesigen Anwesen an. Alles war voller prächtiger Blumen und Bäume mit reifem Obst. Im Zentrum stand eine traumhaft schöne weißgraue Villa. Zierliche gepflasterte

Wege führten uns zu einer prachtvollen romantischen Terrasse unter einem Dach aus Weinreben. Die Sonne, die so herrlich von dem blauen afghanischen Himmel schien, versuchte immer wieder, sich durch die grünen Blätter hindurchzuschmuggeln. Der große Terrassentisch, an dem zwölf Personen Platz hatten, war schon für einen herrlichen Brunch gedeckt. Auch jetzt wieder war ich erstaunt von der friedlichen Atmosphäre in dieser Gegend, aber vor allem konnte ich den Blick nicht abwenden von der Schönheit und dem Charme dieser Gärten, die durch schmale Wege miteinander verbunden waren.

Fatima Gailani wurde 1954 in Kabul in eine religiös und politisch engagierte Familie hineingeboren. Sie ist immer noch aktives Mitglied der Geschäftsführung des afghanischen Roten Halbmonds. Ihr Vater ist Pir Sayyid Ahmed Gailani, Oberhaupt des afghanischen Zweigs des Qadiriyya Sufi-Ordens (der Qadiriyya-Orden ist einer der am weitesten verbreiteten Orden im Islam). Pir Gailani, ein Nachkomme von Abd al-Qadir al-Gilani, des Gründers des Qadiriyya-Ordens, ist auch der Initiator der Nationalen Islamischen Front von Afghanistan, einer bedeutenden politischen Partei, die in den 1980er-Jahren aktiv gegen die sowjetische Besatzung gekämpft hat.

In meinem Gespräch mit Fatima Gailani erfuhr ich, dass sie mehr als zehn Jahre lang Vollzeit als Präsidentin des afghanischen Roten Halbmonds gearbeitet hatte, ohne auch nur einen Cent dafür bezahlt zu bekommen. »Ich bin Gott sehr dankbar. Er hat mir so viel geschenkt, eine angesehene Familie, finanzielle Absicherung – als junges Mädchen war ich sogar hübsch«, sagte sie mit ihrem charmanten Humor. »Ich habe das alles außer Acht gelassen und mich ganz meinem Land gewidmet.« Mit ihrer sanften Stimme fügte sie noch hinzu: »Vergessen Sie nicht, dass ich gezwungen war, mein geliebtes Afghanistan zu verlassen. Jede Sekunde meines Lebens im Exil habe ich mich darauf vorbereitet, zurückzukehren und meinem Land von Nutzen zu sein. Ich wusste, dass ich am Wiederaufbau Afghanistans mitarbeiten würde. Und ich wusste auch, dass ich in ein vollkommen zerstörtes Land kommen würde.«

> JEDE SEKUNDE MEINES LEBENS IM EXIL HABE ICH MICH DARAUF VORBEREITET, ZURÜCKZUKEHREN UND MEINEM LAND VON NUTZEN ZU SEIN. «

Seit sie 2002 nach 23 Jahren im Exil zurückkehrte, hat sich Fatima Gailani in der Frauenförderung engagiert und eine aktive Rolle beim Schutz der Menschenrechte gespielt, vor allem dort, wo es um Frauen und Kinder ging. Fatima Gailani schloss ihr Studium an der Schahid-Beheschti-Universität im Iran mit einem BA ab und machte dann noch, im Jahr 1994, am

Muslim College in London ihren MA im Fach Islamstudien. Während ihres Exils in England betätigte sie sich als Sprecherin der Mudschaheddin im Dschihad gegen die russische Besetzung Afghanistans. Außerdem ist sie als Autorin in Erscheinung getreten.

Während ihrer Zeit als Präsidentin des Roten Halbmonds konnte sie auf ihr breites Netzwerk aus prominenten Freunden in Politik und Wirtschaft im In- und Ausland zurückgreifen. Auf mancherlei Gebieten hat sie für das afghanische Volk viel erreicht: im Gesundheitswesen, in der Ausbildung von Jugendlichen und Ehrenamtlichen, bei Fürsorgeheimen in Kabul und anderen großen Städten, in der Minenaufklärung, der Katastrophenhilfe und der Notfallversorgung sowie, was ihr besonders am Herzen liegt, bei der Behandlung von Kindern mit angeborenem Herzfehler. Obwohl sie eingesteht, dass die politischen und ethnischen Auseinandersetzungen innerhalb Afghanistans sie belasten, sagte sie dennoch: »Es geschehen so viele positive Dinge in Afghanistan. Das düstere Bild, das die Medien von Afghanistan zeichnen, ist nicht die ganze Wahrheit. Aber ich weiß ja, dass für die Medien gute Nachrichten meist keinen Nachrichtenwert haben. Und das ist generell ein Unding, besonders schlimm aber für kriegsgeschundene Länder wie Afghanistan.«

Als sie mir bei einem späteren Treffen in ihrem Büro von einem besonders traurigen Vorfall berichtete, begann ihre Stimme zu zittern. Ein drei Jahre altes Mädchen, das sie liebevoll »Püppchen« nannte, hatte die Genehmigung erhalten, zur sofortigen Operation ihres Herzfehlers nach Indien ausgeflogen zu werden. Doch sie starb auf den Stufen zu Fatimas Büro in den Armen ihres Vaters. »Ich musste zusehen, wie sie vor meinen Augen starb. Ihr hübsches kleines Gesicht geht mir nicht mehr aus dem Sinn«, sagte sie voller Kummer. Und sie fügte hinzu: »Ich versuche mir die Gesichter der über 5000 Kinder ins Gedächtnis zu rufen, denen dieses Programm in den letzten vier Jahren geholfen hat, und das gibt mir Motivation und Kraft, mich weiter für sie einzusetzen und Spendengelder zu sammeln.«

Fatima Gailani ist heute zwar nicht mehr Präsidentin des afghanischen Roten Halbmonds, doch sie ist noch in der Geschäftsführung tätig und damit Entscheidungsträgerin. Von ihren Mitstreitern, Männern wie Frauen, wird sie als die Frau angesehen und geachtet, die aufgrund ihrer Position am meisten für das afghanische Volk zu bewirken im Stande war und ist. »Ich werde meinen Landsleuten immer helfen, egal wo ich mich gerade aufhalte. Die unglaublichen Fortschritte, die wir mit Unterstützung der internationalen Gemeinschaft für die afghanischen Frauen erreicht haben, zu schützen und zu bewahren, ist nicht nur für Afghanistan von entscheidender Bedeutung, sondern für die ganze Welt. Ich weiß, dass ich nicht für jeden, der mich um Hilfe bittet, eine Lösung finden kann, aber ich werde alles tun, was in meinen Kräften steht«, fasste Fatima Gailani ihren Standpunkt mit Nachdruck zusammen.

*Fatima Gailani in ihrem herrlichen
Garten in Paghman im Westen der
Provinz Kabul*

SPORTLERINNEN IN AFGHANISTAN

»Durch meine Leidenschaft für den Sport habe ich mich enorm
weiterentwickelt, und ich habe Dinge gelernt, die mir kein
akademischer Grad jemals vermitteln konnte.«
Nahid Shahalimi

ALLES IST MÖGLICH
DURCH SPORT

S chon immer gehören verschiedenste Sportarten zu meinem Leben. Mit 16 war ich leidenschaftliche Läuferin und liebte es, unter Wettbewerbsbedingungen Langstrecke zu laufen. An meiner Schule war ich Meisterin im Badminton-Doppel, doch mein Herz gehörte dem Volleyball. Mein Leistungs- und Fitnessniveau profierte von beiden Sportarten, und schließlich wurde ich Kapitän des Handball- und des Volleyball-Teams. Auch Basketball ließ ich nicht aus, ich rannte mehr als alle anderen, bekam den Ball aber nur selten ins Netz, so sehr ich mich auch bemühte. Was ich damit sagen will: Ich schätze mich sehr glücklich, dass Sport für mich bis zum heutigen Tag die größte Motivation in meinem Leben darstellt. Hilfreich war dabei auch, dass ich in meiner Familie von klein auf von Sportlern umgeben war. Meine Onkel spielten beispielsweise in den Fußballnationalmannschaften, und meine Tante war als junges Mädchen in Kabul eine wesentlicher Bestandteil unserer Lebensweise in Afghanistan, und in jenen Tagen war er auch noch nicht als unmoralisch verpönt.

Das harte Training und der Einsatz, die ich später als professionelle Volleyballspielerin geleistet habe, waren eine wichtige Lehre für mein ganzes Leben: Disziplin, Respekt, eine Niederlage einstecken zu lernen, Engagement, Teamwork, Kommunikation, Zeitmanagement – dies alles nahm für mich eine neue Bedeutung an. Durch das Training und den Sport habe ich mir sehr viele soziale Kompetenzen sowie ein starkes Selbstbewusstsein angeeignet. Nichts konnte mich kleinkriegen. Niemand konnte mir körperlich oder seelisch etwas anhaben. Ich war als Mädchen sehr schüchtern und dennoch selbstbewusster als andere. Es ging nicht um Gewinnen oder Verlieren, es ging um Ausdauer, um das Erreichen von Zielen, die ich mir mit großer Begeisterung gesetzt hatte. Durch meine Leidenschaft für den Sport habe ich mich enorm weiterentwickelt, und ich habe Dinge gelernt, die mir kein akademischer Grad jemals vermitteln konnte.

Inspiration und Motivation können im Leben so viele unterschiedliche Formen annehmen. Das konnte ich als 16-Jährige erfahren, als ich mich in einer neuen, mir fremden Kultur zurechtfinden musste und in zwei so unterschiedlichen Welten aufwuchs: einmal unter dem Einfluss der strengen afghanischen Gepflogenheiten zu Hause und zum anderen im Umfeld der offen westlichen Lebensart. Während in der Pubertät in meinem Kopf alles drunter und drüber ging und ich mich bemühte, mich einzufügen, waren der Sport und die Schule meine Rettung. Alle meine Zweifel verwandelten sich in Zuversicht. Alles, was zunächst unmöglich erschien, wurde plötzlich möglich. Man lernt, an sich zu glauben, wenn es sonst niemand tut, vor allem als Teenager. Mir schenkte der Sport ein starkes Rückgrat und eine unglaubliche Zuversicht. Bis zum heutigen Tag habe ich mir niemals irgendwelche Grenzen gesetzt, und wenn ich von etwas überzeugt bin und mich dafür einsetze, weiß ich, dass mit Engagement, Entschlossenheit und natürlich harter Arbeit alles zu erreichen ist.

So normal weibliche Sportler für den Westen auch sein mögen, in Afghanistan sind sie keine Selbstverständlichkeit. Wenn sich ein Mädchen für diesen Weg entscheidet, sieht es sich großen Problemen gegenüber. Ich erinnere mich, dass noch während meiner Recherchen für dieses Buch – ich glaube, es war Anfang 2016 – eine junge Exilafghanin, die für eine NGO arbeitete, in Kabul auf offener Straße erschossen wurde, vor der Tür zu ihrem Fitnessstudio, nur weil sie ein paarmal in der Woche zum Sport ging. Die junge Frau Ende zwanzig wurde kaltblütig von einem Mullah erschossen, der es für unmoralisch hielt, dass eine Frau Sport trieb. Solchen realistischen Gefahren sind diese unglaublich mutigen jungen Sportlerinnen in Afghanistan ausgesetzt. Ihre Begeisterung und Leidenschaft treibt diese Mädchen an, die manchmal über zwei Stunden brauchen, um zum Trainingsort zu gelangen. Oft bekommen sie dann bei ihrer Ankunft auf dem Sportplatz gesagt, die Männermannschaften hätten ihre Trainingszeit übernommen. Dann machen sie kehrt und treten den langen Heimweg an – in der Hoffnung, am nächsten Tag trainieren zu können. Ihr Mantra: Gib dein Bestes, mach weiter, gib nicht auf, und vergiss nicht zu lächeln!

Weil Sport einen so positiven Einfluss auf mein Leben genommen hat, habe ich in den letzten Jahren immer nach Möglichkeiten gesucht, den Frauensport in Afghanistan zu fördern. Ich gab Trainingsstunden oder bot Workshops an – für Volleyballer-, Handballer- und Basketballerinnen, Radsportlerinnen, Läuferinnen und Taekwondo-Sportlerinnen – überstützte sie aktiv oder stattete sie mit Sportbekleidung aus, die ich aus Europa mitgebracht hatte. Neben Leistungssportlerinnen habe ich mich aber auch mit Frauen und Mädchen getroffen, die sich ganz dem Freizeitsport verschrieben haben – wie etwa dem Skateboarden.

Was all diese wunderbaren Frauen und Mädchen verbindet, ist ihre bedingungslose Liebe und unglaubliche Leidenschaft für ihren Sport. Es heißt ja »Begeisterung kann man nicht kaufen« – genau dies trifft auf sie zu! Ich habe noch keine andere Gruppe von Frauen getroffen, die, trotz der erheblichen Hindernisse, so engagiert und so fest entschlossen ist und bereit, für ihre Liebe zum Sport buchstäblich ihr Leben hinzugeben. Alter, ethnische Zugehörigkeit, Geschlecht, Religion – keiner dieser Faktoren, und auch nicht die prekäre Sicherheitslage bis hin zu Todesdrohungen, spielen eine Rolle oder schränken sie bei der Erreichung ihrer Ziele – insbesondere der sportlichen – ein. Durch ihren Einsatz für den Sport scheinen sich all ihre Ängste in Luft aufgelöst zu haben.

Die junge Skaterin Hanifa Qayumi in Skateistan, dem Kabuler Hallen-Skatingpark mit angeschlossenen Klassenräumen

Als mir Ende 2014 die talentierte junge afghanische Skaterin Hanifa Qayumi ihren Zufluchtsort, den Kabuler Hallen-Skatingpark Skateistan, zeigte, war ich überwältigt von der positiven Atmosphäre, die dort herrschte. Es ist wirklich und wahrhaftig ein sicherer Hafen für die Jugendlichen, die perfekte Mischung aus Kreativität, Sport und Bildung. Ein unglaublich fröhlicher Ort! Skateistan ist eine Skating-Halle mit angegliederten Klassenräumen. Ins Leben gerufen hat Skateistan der Australier Oliver Percovich, der den Park 2009 im Herzen des Olympiageländes in Kabul realisierte. Inzwischen zeichnet Oliver für mehrere Skateistans auf der ganzen Welt verantwortlich und verhilft damit Tausenden junger Menschen zu sportlicher Betätigung »mit Mehrwert«.

Die in Kabul geborene und aufgewachsene Hanifa ist mittlerweile zum Gesicht des Skateboardens in Afghanistan geworden. Ein Sozialarbeiter von Skateistan hat das selbstbewusste Mädchen, das bis 2010 auf Kabuls Straßen Kaugummi und Tee verkauft hatte, im zarten Alter von zehn Jahren angeworben. Anfangs machte sie erst einmal nur bei Kunst- und Skateboard-Aktionen mit, zweien der hier angebotenen Programme. Obwohl sie nie eine Schule besucht hatte, meldete sie sich schon bald für das Back-to-School-Programm an, das Kindern wie Hanifa hilft, in einem Crashkurs Lehrstoff nachzuholen, um schnell wieder auf eine staatliche Schule gehen zu können. Seit 2011 gehört Hanifa in Skateistan zum festen Mitarbeiterstab, wo sie heute als Skate-Lehrerin und Wartungspersonal tätig ist. »Ich habe das Gefühl, dass ich jetzt, wo ich skate, alles erreichen kann. Skaten hat einen völlig anderen Menschen aus mir gemacht. Ich bin so glücklich, wenn ich skate. Ich vergesse dann alle Probleme, denen wir auf den Straßen von Kabul ausgesetzt sind. Skating hat mir eine Zukunft geschenkt«, so Hanifa stolz.

In Deutschland oder Kanada scheint es ganz normal, über Frauen-Nationalmannschaften zu sprechen. In Afghanistan ist es dagegen alles andere als ein »normales« Gesprächsthema. Ein gutes Beispiel für Durchhaltevermögen im sportlichen Bereich ist das Radsportteam der afghanischen Frauen. Das Erste, was mir dazu in den Sinn kam, war: Wo trainieren sie? Ich überlegte mir, dass sie das in einem Land wie Afghanistan kaum in einer versteckten Turnhalle tun könnten. Diese Sportlerinnen mussten mit ihren Rädern auf die Straße, vermutlich in die Randgebiete von Kabul. Und dafür gilt das Gleiche wie für alle Orte in Afghanistan: Jedes Mal, wenn ein Dutzend Frauen auf dem Fahrrad unterwegs ist, wird es gefährlich und es müssen Sicherheitsmaßnahmen ergriffen werden.

Und genau das machen sie, sie trainieren auf den Straßen der Außenbezirke der Stadt; stolz radeln sie zusammen mit ihrem Trainer, einem 65-jährigen ehemaligen Radsportprofi und trotzen den gesellschaftliche Schranken, den strengen Blicken, den täglichen Beleidigungen. Immer wieder werden sie auch mit dem Tode bedroht. Dennoch trainieren diese unbeirrbaren Frauen weiter, schenken dabei anderen Hoffnung und werben für den Radsport. Es ist ein wahrer Freiheitskampf und ein gewaltiger Fortschritt für die Frauenrechte. Diese Mädchen haben keinerlei Scheu, Tabus zu brechen und in einem kriegsgeschundenen und konservativen Land gesellschaftliche Schranken einzureißen. Obwohl sie erst 2013 auf der Bildfläche des internationalen Sports aufgetaucht sind, wurden sie von einer Gruppe italienischer Parlamentsabgeordneter für den Friedensnobelpreis 2016 ins Gespräch gebracht aufgrund ihres unglaublichen Mutes und ihres Kampfes für die Rechte der Frauen nominiert.

Im Namen des Radsportteams sprach Zhala Sarmast, ein Mitglied der afghanischen Nationalmannschaft, mit mir über die Herausforderungen des Alltags als Leistungssportlerin: »Wir stehen hier in Afghanistan jeden Tag vor großen Aufgaben. Ich fahre leidenschaftlich gerne Rad, kann das aber nicht tun, wann immer ich will. Ich muss dazu raus aus der Stadt, denn in der Stadt werde ich von den Leuten schikaniert. Manchmal bewerfen sie mich sogar mit Steinen oder Abfall. Und selbst wenn ich nur einfach über die Straße gehe, bekomme ich Kommentare über meinen Körper, mein Gesicht, meine Beine, meine Haare und so weiter zu hören. Das alles macht einer 17-Jährigen das Leben sehr schwer. Aber ich habe gelernt, damit umzugehen.«

Weiter sagte sie: »Da ich aus einer Familie komme, in der sich jedes Mitglied mit Nachdruck für seine Rechte einsetzt, war Gewalt für mich nie eine Bedrohung. Ich beziehe meine Stärke von den Dutzenden meiner Vorbilder innerhalb und außerhalb meiner Familie. Die Helden in meiner Familie sind meine Mutter und mein Onkel (Dr. Sarmast, der Gründer von ANIM). Er ist nicht nur mein Held, sondern Held des ganzen Landes.«

Starkes Team, starker Zusammenhalt: die Frauen des afghanischen Radsport-Nationalteams

Als ich Zhala nach der Zukunft für die Frauen in Afghanistan fragte, einem Thema, das für sie und ihr Team Hand in Hand mit dem Profisport für Frauen geht, antwortete sie: »Wir haben noch einen weiten Weg vor uns, damit die Zukunft für Frauen in Afghanistan besser wird. Trotzdem sehe ich die Zukunft positiv, weil Menschen wie meine Mutter, meine Schwestern und ich unser Bestes tun und weil wir an die afghanischen Frauen glauben. Viele Frauen haben keine Schulbildung, deshalb kennen sie ihre Rechte nicht und können sich nicht gegen Gewalt und gegen ihre Ängste wehren. Ich glaube, wir müssen auch die Männer von diesen Tatsachen überzeugen, und dann können wir unser Ziel erreichen.«

Begeisterte Skaterinnen
© Skateistan

FARKHUNDA ZAHRA NADERI

»Der Tschaderi hat nur ein kleines Fenster und soll die Welt für die afghanischen Frauen zu einem kleinen Käfig machen. Aber für eine gebildete Frau kann dieses kleine Fenster ein Fenster zur Macht werden.«
Farkhunda Zahra Naderi

DER TSCHADERI ALS MÖGLICHES FENSTER ZUR MACHT

D

ie sozialen Medien sind inzwischen nicht nur zum blitzschnellen Verteiler von Nachrichten geworden, sie bieten auch eine Plattform für das, was ich als »virtuellen Klatsch« bezeichne. Wenn es um Nachrichten aus Afghanistan geht, spielt Facebook eine führende Rolle. Nachrichten von dort verbreiten sich mit Lichtgeschwindigkeit, oft schneller, als die Medienhäuser darüber berichten können. Zwar stammt eine Menge von dem, was in den sozialen Medien gepostet wird, aus unzuverlässigen Quellen, doch gibt es in den Newsfeeds auch viele Posts, die die Aufmerksamkeit auf wichtige Themen aus und über Afghanistan lenken und von glaubwürdigen Quellen bestätigt werden. Zudem erfährt man häufig erst über die sozialen Netzwerke von beeindruckenden afghanischen Persönlichkeiten. So kam ich auch zu meiner nächsten Interviewpartnerin, einer jungen dynamischen Politikerin und Frauenrechtsaktivistin, der sanften und doch bestimmten Farkhunda Zahra Naderi, einer ehemaligen afghanischen Parlamentsabgeordneten.

Als 2015 einer meiner Freunde für mich den Kontakt mit Farkhunda, was »verheißungsvoll« bedeutet, herstellte, war sie noch als Parlamentsabgeordnete aktiv. Unsere erste Begegnung fand in ihrem edel ausgestatteten Büro im Zentrum von Kabul statt. Ich wurde von einer ihrer Sekretärinnen begrüßt und gebeten, in ihrem Büro zu warten, da sie in einem der üblichen Verkehrsstaus in der Stadt feststeckte. Als ich den schönen und elegant eingerichteten Raum betrat, fiel mir sofort die Sorgfalt auf, die auf jedes einzelne Detail verwendet worden war. Das in gedämpftes Licht getauchte etwa zwanzig Quadratmeter große Zimmer hielt mich so sehr in seinem Bann, dass ich nicht einmal mitbekam, wie Farkhunda Naderi eintraf. Eine sehr freundliche junge Frau mit einer sanften Stimme und modisch-eleganter, aber hochgeschlossener Kleidung begrüßte mich höflich. Obwohl es schon später Nachmittag und der Arbeitstag für die meisten in der City vorüber war, nahm sie sich über eine Stunde Zeit für das Interview.

Farkhunda Zahra Naderi wurde 1981 als Tochter des geistigen Führers der Ismailiten in Baghlan (einer Provinz im Norden Afghanistans), Sayed Mansur Naderi, geboren. Die Ismailiten sind eine Glaubensgemeinschaft des schiitischen Islam. Farkhunda ging in Kabul und in Baglan zur Schule und erwarb auf der Highschool in Harrow, London, das International Baccalaureate Diploma (internationales Abitur). Später machte sie an der Westminster International University in Taschkent, Usbekistan, ihren BA in Jura.

Als Jurastudentin beschäftigte sie sich intensiv mit der Rolle der Frau in der afghanischen Politik. Sie war der Überzeugung, das bisherige Fehlen der Frauen am Obersten Gerichtshof von Afghanistan zu überwinden, »eine echte Herausforderung für die Beteiligung von Frauen an der afghanischen Politik« sei, erinnerte sich Farkhunda Naderi leidenschaftlich. In ihrem Wahlkampf 2009/2010 versprach sie, sich für Frauen als Richterinnen am Obersten Gerichtshof einzusetzen. »Das geschah zu einer Zeit, als eine solche Debatte in verschiedensten gesellschaftlichen Bereichen und in den afghanischen Kommunen als inakzeptabel galt, auch in der Politik«, betont sie.

Bis zu diesem Zeitpunkt hatten viele weibliche Abgeordnete im afghanischen Parlament gewirkt, doch als Naderi 2010 für die Provinz Kabul ins Unterhaus einzog, wartete sie mit einer unkonventionellen Wahlkampfstrategie auf, die in Afghanistan noch niemand kannte, der Haus-zu-Haus-Werbung. Damit sollten die Menschen über die Kandidaten und ihre politische Agenda aufgeklärt werden, statt nur Plakate von ihren Gesichtern zu sehen. Während der folgenden fünf Jahre arbeitete Farkhunda Naderi in drei verschiedenen parlamentarischen Kommissionen, der Kommission für Frauenangelegenheiten, der für Menschenrechte und der für die Zivilgesellschaft.

In ihrem ersten Antrag machte sie den afghanischen Ganzkörperschleier, den Tschaderi, zum zentralen Thema. »Ich habe den Kampf um den Tschaderi in die Politik eingebracht«, erzählte sie stolz mit einem breiten Lächeln. Dadurch fühlten sich viele Menschen provoziert, vor allem im politischen und religiösen Bereich. Farkhundas Motivation: »Der Tschaderi hat nur ein kleines Fenster und soll die Welt für die afghanischen Frauen zu einem kleinen Käfig machen. Aber für eine gebildete Frau kann dieses kleine Fenster ein Fenster zur Macht werden.«

Die anschließende »Tschaderi-Kampagne« wurde angestoßen von der Tschaderi-Stiftung, einer Organisation, die sich für Frauenrechte stark macht und deren Vorsitzende Farkhunda Naderi ist. Mit der Tschaderi-Kampagne, die unterstützt durch den ehemaligen Präsidenten Hamid Karzai, in verschiedenen Kabuler Bezirken öffentlich gemacht wurde, schärfte sich das Bewusstsein für dieses Thema. Ihr Ziel ist es, afghanischen Frauen ihre Menschenrechte bewusst zu machen und vor allen Dingen, die Gewalt gegen Frauen zu beenden.

Neben anderen internationalen Auszeichnungen gewann Farkhunda Zahra Naderi 2012 als Vertreterin Afghanistans den *N-Peace Award* des International Peace Network und des UNDP (*United Nations Development Programme*), des Entwicklungsprogramms der Vereinten Nationen. Im März 2014 wurde sie zur Vorsitzenden der Interparlamentarischen Union (IPU) gewählt, die sich für Frieden, demokratische Vertretung und Menschenrechte einsetzt und einen weltweiten parlamentarischen Dialog fordert. Schon seit fast einem Jahrzehnt spielt Farkhunda Naderi eine Schlüsselrolle als engagierte Frauenrechtsaktivistin in Afghanistan. »Ich bin fest davon überzeugt, dass die gewöhnlichsten afghanischen Frauen in Wahrheit die außergewöhnlichsten Menschen in unserem Land sind«, so Naderi mit Nachdruck.

Interview mit der Frauenrechtsaktivistin Farkhunda Naderi (links), zurzeit des Gesprächs Abgeordnete des afghanischen Parlaments

Auf eindrucksvolle Weise hat sich Farkhunda Naderi im afghanischen Parlament Gehör verschafft, und es ist ihr gelungen, die Tabus über Frauen in der Politik ins Wanken zu bringen. Auf nationaler und internationaler Ebene arbeitete sie eng mit unterschiedlichen Gruppierungen aus Zivilgesellschaft und Politik zusammen, um ihr ursprüngliches Wahlversprechen wahrzumachen. Und tatsächlich: Mit Anisa Rasuli nominierte Präsident Ashraf Ghani im Juni 2015 zum ersten Mal in der afghanischen Geschichte eine Frau für den Obersten Gerichtshof Afghanistans. Dass sie als Richterin von konservativen Politikern und Geistlichen später doch noch verhindert wurde, ändert nichts an der Tatsache, dass der Weg in diese Richtung geebnet wurde.

SHAMSIA HASSANI

»Ich komme aus Afghanistan, einem Land, das für seine Kriege bekannt ist. Es heißt, ich sei eine feministische Straßenkünstlerin. Die weibliche Figur in meinen Graffiti – manchmal mit, manchmal ohne Burka – stellt einfach den Menschen an sich dar. Mit ihr möchte ich aber auch die Probleme speziell der Afghanen – Männer wie Frauen – thematisieren und damit aussagen, dass Freiheit nicht heißt, die Burka abzuwerfen, sondern in Frieden zu leben.«
Shamsia Hassani

»BIRDS OF NO NATION«
DIE GRAFFITI-KÜNSTLERIN

A

ls ich wieder einmal in Kabul war, ließ ich mich von meinem Fahrer zum berühmten Dar-ul-Aman-Palast bringen, dem »Haus des Friedens« oder auch »Haus Amanullahs«, nach seinem Erbauer König Amanullah Khan. Der ehemals prachtvolle Bau im neoklassischen Stil nahe der Kabuler Innenstadt liegt heute in Trümmern. Er steht an einer staubigen Durchfahrtsstraße, ein riesiges Skelett, leer und verlassen. Der Palast entstand in den 1920er-Jahren im Zuge der Modernisierungsbemühungen des reformfreudigen Königs Amanullah Khan, der Afghanistan in die Neuzeit führen wollte. Heute trägt die Ruine die Narben von fast vierzig Jahren Krieg, die das ehemals romantische Herz Kabuls herausgerissen haben.

Die Wände sind mit nicht nur voller Kugeleinschläge, sondern auch mit Graffiti überzogen. Liebespaare haben ihre Namen zwischen Aufrufe zu Frieden und Liebe hinterlassen. Aus dem Augenwinkel sah ich auf der anderen Straßenseite etwas, das wie ein Wandgemälde aussah. Ich wandte den Kopf und erkannte sofort die Handschrift: Die leuchtenden Farben und die für ihre Werke typische weibliche Gestalt mit einem Gesicht ohne Mund wiesen es als Graffiti Shamsia Hassanis aus, der ersten afghanischen Straßenkünstlerin und der einzigen, die dreidimensionale Graffiti malt.

Shamsia Hassani, 1988 im Iran geboren, lehrt heute an der Fakultät der Bildenden Künste der Universität Kabul und hinterlässt ihre Graffiti auf Bürgersteigen und Kriegstrümmern, die ihr als Leinwand dienen. Eine ihrer Ideen ist es, leuchtende Farben in das Nachkriegsgrau Kabuls zu bringen, und ihre berühmte weibliche Figur wird oft allein, manchmal aber auch inmitten von anderen Frauen

3-D-Graffito »In My Heart« von Shamsia Hassani

dargestellt – meistens mit einem Musikinstrument als Symbol für Selbstverwirklichung und die eigene Stimme.

Inzwischen sind Shamsias Werk und ihr mutiger Einsatz dank der internationalen Medien auf der ganzen Welt bekannt geworden, und auch ich wollte sie unbedingt für mein Buch über visionäre Frauen in Afghanistan treffen und porträtieren. Tatsächlich führten mich meine guten Kontakte im Land zu einer Freundin der Künstlerin, die mich schließlich mit ihr zusammenbrachte. Da Shamsia ständig überall in der Welt unterwegs ist – sie hat unter anderem in Deutschland, Australien, dem Iran, Indien, Vietnam, der Schweiz, Dänemark, Norwegen und den USA ausgestellt und als Repräsentantin Afghanistans an Graffiti-Festivals teilgenommen –, dauerte es noch über ein Jahr, bis ich sie schließlich in ihrem Büro an der Universität Kabul interviewen konnte.

Nach mehreren Terroranschlägen ist der Zugang zum ausgedehnten Gelände der 1932 eröffneten Universität seit Anfang 2016 nur noch mit schriftlicher Genehmigung des Bildungsministeriums und der Universitätsverwaltung gestattet. Es hätte mehrere Tage gedauert, diese bürokratische Hürde zu überwinden. Ich erinnerte mich an den Spruch meines Vaters, dass Hartnäckigkeit einfach nur zielgerichtete Sturheit ist, und wollte mir von einer nicht vorhandenen Genehmigung nicht die Chance nehmen lassen, nach so vielen Monaten des Wartens endlich mit meiner Interviewpartnerin sprechen zu können. Da ich aber niemanden fand, der mich auf den Campus schmuggeln wollte, beschloss ich kurzerhand, es auf eigene Faust zu versuchen, indem ich so tat, als sei ich Dozentin beziehungsweise als gehörte ich einfach dazu.

Am Tag meines Termins mit Shamsia setzte ich die große dunkle Sonnenbrille auf, wie sie bei afghanischen Frauen und besonders Studentinnen gerade in Mode ist, und die praktischerweise mein Gesicht halb verbarg, zog flache schwarze

Ballerinas an, schleppte möglichst viele Bücher mit und versteckte meine Aufnahmegeräte in einer großen schwarzen Laptoptasche, sodass ich wie die Dozentinnen aussah, die ich beobachtet hatte. Schwitzend unter einem eigens dazu auf dem nahen Basar erstandenen Hijab näherte ich mich der mit einem Vorhang abgeteilten Kabine, die als Eingangskontrolle für Dozentinnen und Studentinnen diente. Eine weibliche Sicherheitskraft fragte stichprobenartig nach Ausweisen und durchsuchte einen gegebenenfalls. Ich ging einfach schnellen Schrittes an ihr vorbei, als sei ich für ein Seminar etwas zu spät dran und als käme ich jeden Tag hier durch.

Zu meiner großen Erleichterung funktionierte der Trick; ich passierte ohne Kontrolle und befand mich auf der Hauptstraße des Universitätsgeländes. Links davon erkannte ich das pastellgelbe Gebäude der Kunstfakultät. Die Straße, von hohen Alleebäumen gesäumt, führte durch parkartige Rasenanlagen, auf denen Studierende beiderlei Geschlechts, modern gekleidet, ungezwungen zusammensaßen. Freundliches Geplauder und leises Lachen war zu hören, wo eine Gruppe modisch gekleideter junger Männer mit eleganten jungen Frauen flirtete, die dezent geschminkt waren und deren dünne Kopftücher mehr als modisches Accessoire dienten, als das Haar zu verhüllen. Andere wiederum hatten sich zum Lernen auf den Rasen gesetzt, und manche genossen auch einfach die frische Brise unter den schattigen Bäumen an diesem heißen Nachmittag. Die ungezwungene Normalität dieser Szene nahm mich gefangen. Einen Moment lang vergaß ich, dass ich mich an einem der laut westlichen Medien gefährlichsten Orte der Welt befand.

Eine Frauenstimme, die durch die Blumenbeete, die die Kunstfakultät umgaben, zu kommen schien und meinen Namen rief, riss mich aus meiner Verzauberung. Ich erkannte Shamsia Hassani von den Fotos im Internet her sofort wieder. Sie begrüßte mich freundlich und brachte mich durch die kühlen, grauen und staubigen Flure des Gebäudes zu ihrem Büro. Es entging mir nicht, dass sie ihre Umgebung genau im Auge behielt und jede Bewegung um sie herum registrierte, während ich nur auf meine Gastgeberin achtete. Zwar hat Shamsia Hassani in Afghanistan schon ihr Leben lang mit Einschränkungen, Zwängen bis hin zu Todesdrohungen zu kämpfen, ihre Kunst scheint dies aber nicht beeinflusst zu haben. Die kraftvollen Bilder Hassanis haben eine enorme Ausstrahlungskraft und geben dem zerstörten Land neue Hoffnung.

Als wir schließlich in ihrem Arbeitszimmer an der Universität saßen, einem kleinen zweckmäßigen Raum, der aber voller Kunstwerke – eigener wie der ihrer Studierenden – hing, war das Gefühl der Bedrohung einerseits immer gegenwärtig, wurde aber andererseits von der selbstsicheren Präsenz dieser zierlichen jungen Frau mit den großen braunen Augen und dem ungezwungenen Lächeln einfach überstrahlt. Shamsia Hassani begann mit ihrer Kunst im öffentlichen Raum im Dezember 2010. Damals nahm sie an einem Workshop in Kabul teil, den *Combat*

Communications, eine Interessenvertretung bildender Künstler, organisiert hatte, um Straßenkunst in Afghanistan populär zu machen. »Der Workshop zeigte mir einen Weg, Kunst buchstäblich direkt zu den Menschen auf der Straße zu bringen«, erzählte Hassani, »und dadurch Interesse für Kunst zu wecken, da es in Afghanistan ja nicht viele Kunstgalerien gibt.«

Shamsia Hassani hat ursprünglich, noch im Iran, wohin ihre Familie während des Bürgerkriegs geflüchtet war, Betriebswirtschaft studiert, weil ihr das ersehnte Kunststudium »nicht erlaubt war«, wie sie mir berichtete; auf diese Weise blieb sie an der Universität eingeschrieben, studierte dann später an der Universität Kabul Kunst und erwarb einen Magistergrad in Visual Arts. Heute reist sie, unterstützt von ihrer Familie, um die Welt und wirbt unermüdlich für ihr Anliegen: Sie möchte ein positives Bild der afghanischen Frauen und des Landes insgesamt vermitteln. »Unser Land ist vielleicht ärmer als andere«, erklärte sie, »aber auch bei uns gibt es gebildete Menschen, die mit dem Rest der Welt mithalten können.«

Shamsia nimmt mit ihrer Kunst starken Einfluss auf Afghanistan. Die wiederkehrende Symbolfigur in ihren Werken hat keinen Mund und hat es auf diese durchdachte und subtile Art der Darstellung geschafft, die Öffentlichkeit mit der Anwesenheit der Frauen in der afghanischen Gesellschaft, mit ihren Gedanken und ihrem Erscheinungsbild zu konfrontieren. Immer wieder geht es auf den Bildern um die Härten des Alltags in Afghanistan; ihre Aussagen unterstreicht die Künstlerin gerne mit pointierten Texten in ihrer Muttersprache Dari, die sie in die Bilder einarbeitet, wie etwa »Vögel ohne Heimat haben keine Stimme, um zu singen. Oder sind gefangen.« Mithilfe von Berang Arts, einer Organisation zur Förderung der Gegenwartskunst, die sie 2009 mitbegründete, hat Shamsia Hassani das erste landesweite Graffiti-Festival Afghanistans ins Leben gerufen. Sie möchte damit ihren Landsleuten Gelegenheit geben, Graffiti als Kunstform kennenzulernen und direkt zu erleben.

Auf meine Frage, ob sie denn keine Angst habe, ganz allein im öffentlichen Raum ihre Graffiti anzubringen, sagte sie: »Als Straßenkünstler arbeitet man immer mit der Angst im Nacken. Ich fürchte mich vor allem vor Teilen der Gesellschaft, die meinen Einsatz auf den Straßen verspotten oder verhindern, besonders weil er von einer Frau stammt. Ich denke nicht, dass ich so vielen Herausforderungen begegnen würde, wenn ich ein Mann wäre. Oft werde ich verbal angegriffen, aber ich bin sehr vorsichtig.« Außerdem, sagte sie, haben Straßenkünstler überall auf der Welt mit Angst und Herausforderungen zu kämpfen. »Die Wände öffentlicher Gebäude zu bemalen, ist in den meisten Ländern strafbar. Als Straßenkünstler malt man daher immer mit dem Blick über die Schulter.« Seit einiger Zeit kann Shamsia mit Genehmigung ihrer Universität ihre Wandgemälde in einer geschützten Umgebung auf dem Campus erstellen.

Mit Shamsia (rechts) vor einem ihrer Werke aus der Serie
»Birds of No Nation« in der Universität Kabul

Zu ihrem Arbeitszimmer zu Hause gehört auch ein kleiner Balkon, der ihr zum Zufluchtsort geworden ist; dort entwirft sie die Skizzen und Zeichnungen geplanter Wandbilder. »Vielleicht einmal in einem halben Jahr male ich ein Wandbild im öffentlichen Raum, aber es muss immer schnell gehen, weil es sonst zu gefährlich wird«, erklärte sie. Deshalb sind die meisten Werke unvollendet. Inzwischen fotografiert Shamsia lieber die Wandflächen, die ihr gefallen, und bemalt dann – im sicheren Zuhause – vergrößerte Abzüge dieser Fotografien mit ihren Motiven.

Ihr jüngstes Projekt, eine Ausstellung von Leinwandbildern unter dem Titel »Birds of No Nation« (Vögel ohne Heimat), hat Shamsia Hassani im Frühling 2016 in der Galerie Seyhoun an der Melrose Avenue in Los Angeles eröffnet. Sie möchte mit dieser Sammlung an Bildern auf die Schicksale von Afghanen aufmerksam machen, die in der Hoffnung auf eine bessere Zukunft ihr Land verlassen haben. »Mit meinen Bildern gebe ich schlicht ihre Geschichten weiter«, so Hassani bescheiden.

Aus der Serie »Birds of No Nation«
von Shamsia Hassani

ATIA ABAWI

»Meiner Ansicht nach stellt es überall auf der Welt eine Herausforderung dar, eine Frau zu sein, sei es in Amerika oder
in Afghanistan, verglichen damit, was es heißt, in diesen Ländern
ein Mann zu sein. Aber ich glaube auch, dass gerade
wegen dieser Herausforderung Frauen in vielerlei Hinsicht
das stärkere Geschlecht sind.«
Atia Abawi

DIE STÄRKSTEN FRAUEN DER WELT

D

as erste Mal traf ich Atia Abawi, eine Auslandkorrespondentin und Schriftstellerin, im Jahr 2011 in Kabul. Ich kannte ihre großartige journalistische Arbeit von ihrer Zeit beim Nachrichtensender CNN und hatte viele ihrer Reportagen gesehen. Die enorme Bandbreite ihrer Berichterstattung faszinierte mich: Ihre Einsätze und Berichte über Themen wie die Ermordung der ehemaligen pakistanischen Premierministerin Benazir Bhutto 2008, den Krieg im Irak und das von mir mit Nachdruck verfolgte Gerichtsverfahren gegen die birmanische Politikerin Aung San Suu Kyi im Jahr 2009, die fast 15 Jahre unter Hausarrest stand. Wenn ich mir Atias Berichte ansah, spürte ich ihre Leidenschaft noch durch den Bildschirm. Sie hatte keine Angst. Ihr Einsatz war die Art von gewagter, kühner Arbeit, die schon immer meine Aufmerksamkeit in ihren Bann gezogen hat.

Atia wurde als Kind afghanischer Eltern in Deutschland geboren und wuchs in den Vereinigten Staaten auf. Sie schloss ihr Studium mit einem BA in Kommunikationswissenschaften und Internationalen Studien ab. Nach einer Vielzahl von journalistischen Stationen wurde sie Afghanistan-Korrespondentin für CNN und später dann Leiterin des Kabuler Büros des Senders. Ab 2010 war sie für NBC in Afghanistan im Einsatz. Inzwischen lebt Atia als Schriftstellerin mit Mann und Sohn in Jerusalem. Aber mit ihren fantastischen journalistischen Beiträgen, Dokumentationen und vor allem mit ihrer authentischen Art hat sie während ihrer fünf Jahre in Afghanistan so viele Menschen berührt, dass sie besonders jungen Afghanen zu Recht als Vorbild und leuchtendes Beispiel des Journalismus gilt. Ihre an mich übermittelten Stellungnahmen zu einigen Themen belegen dies.

INTERVIEW

WELCHEN GROSSEN HERAUSFORDERUNGEN BEGEGNET MAN IN AFGHANISTAN?

»Wenn man in Kabul ausgeht, vor allem in Begleitung von ausländischen Kollegen, ist es ratsam, immer genau auf die Umgebung zu achten und darauf, wo man hingeht. Aber das ist nicht nur in Afghanistan so. Zurzeit geht es mir in Amerika genauso, bei der Waffen-Epidemie dort. In Afghanistan saß mir die Angst immer im Nacken, aber sie hat mich nicht aufgefressen. Wenn ich in Amerika ins Kino oder an einen überfüllten Ort gehe, denke ich inzwischen sofort darüber nach, was ich machen würde, wenn dort jemand mit einer Waffe auftauchen würde. Es besteht kein Zweifel, dass es sehr schwer ist, in Afghanistan eine Frau zu sein. Selbst ich wurde häufig bedroht, was zum Frau-Sein in Afghanistan dazugehört. Ein Beispiel: Ich hatte einen afghanischen Kollegen, der aufgebracht darüber war, dass ich seine Vorgesetzte war und als Moderatorin vor der Kamera stand. Er fand, dass ihm als Mann diese Positionen zustünden. Als Erstes überlegte er sich, wie er mich bei unseren Chefs in ein schlechtes Licht rücken könnte. Als das fehlschlug, war seine zweitbeste Alternative, meine Sicherheit zu gefährden, was mich zwingen sollte, Afghanistan zu verlassen. Er hat nicht nur versucht, mein öffentliches Ansehen zu beschmutzen, er hatte sogar vor, mich überfallen und vergewaltigen zu lassen! Gott sei Dank wurde ich rechtzeitig gewarnt, aber ich kann es einfach bis heute nicht glauben, dass jemand so weit gehen würde. Das ist nur ein Beispiel von vielen. Ich will damit nicht sagen, dass alle Männer so waren und sind. Aber es zeigt, wie weit verbreitet die Geringschätzung und Missachtung von Frauen in allen gesellschaftlichen Schichten Afghanistans sein kann.«

LÄSST SICH DIE GEISTESHALTUNG GEGENÜBER AFGHANISCHEN FRAUEN VERÄNDERN?

»Ich glaube, es ist möglich. Es dauert möglicherweise mehrere Generationen, bis eine Gleichberechtigung erreicht ist, aber es ist möglich. Der Westen mag seine Frauen insgesamt »besser« behandeln, aber auch in den USA sind Frauen den Männern noch immer nicht gleichgestellt. Ich glaube, Afghanistan hat noch einen weiten Weg vor sich, aber es kann aufholen. Und die Welt sollte mit

Mit Atia Abawi (links) im Jahr 2011

vereinten Kräften ein Umfeld schaffen, in dem wir alle gleichwertig sind, ungeachtet des Geschlechts, des Rasse oder der Religion.«

WAS BEDEUTET ES, EINE FRAU ZU SEIN?

»Eine Frau zu sein, ist vermutlich der zweitwichtigste Teil meiner Identität und
kommt gleich hinter meinem Menschsein. Ich habe mir das nicht unbedingt so
ausgesucht, aber so werde ich von der Gesellschaft gesehen und dementsprechend
sind die Beschränkungen und Zugeständnisse, mit denen ich leben muss. Meiner
Ansicht nach stellt es überall auf der Welt eine Herausforderung dar, eine Frau
zu sein, sei es in Amerika oder in Afghanistan, verglichen damit, was es heißt, in
diesen Ländern ein Mann zu sein. Aber ich glaube auch, dass gerade wegen dieser
Herausforderung Frauen in vielerlei Hinsicht das stärkere Geschlecht sind.
Es macht mich traurig, wenn die Leute annehmen, afghanische Frauen wären
aufgrund ihrer Lebensumstände und der Art, wie man sie behandelt, schwach.
Das macht sie nicht schwach, im Gegenteil, ich bin der Meinung, es macht sie
zu den stärksten Frauen der Welt.«

GENERALIN KHATOL

»Ich lasse mich nur in Uniform fotografieren. Ich lebe nach strikten Regeln.
Meinem Land und meinem Beruf erweise ich den höchsten Respekt. Als
Generalin fürchte ich nur Allah, aber als Mutter mache ich mir immer Sorgen
um meine Familie. Dennoch habe ich vor vielen Jahren die bewusste Entschei-
dung für die Uniform getroffen. Danach kam Furcht nicht mehr infrage.«
Generalin Khatol

FREI UND FURCHTLOS
WIE EIN VOGEL

B

rigadegeneralin Khatol war die erste Fallschirmjägerin und die erste Soldatin
im Generalsrang der Afghanischen Nationalarmee ANA. Unter dem Namen
»General Khatol« gilt sie im Volk als Legende – verachtet von manchen Afghanen, aber von zahllosen anderen, vor allem im Ausland, respektiert und
verehrt für ihre Furchtlosigkeit, Tapferkeit und Entschlossenheit. Dies ist ihre
Geschichte.

Schon früh übte diese faszinierende weibliche Heldin ihre Wirkung auf
mich aus. Berichte über sie waren manchmal ein hitzig diskutiertes Thema bei
Familientreffen und im Freundeskreis. Sie galt als wildes Mannweib und fana-
tische Sportlerin und hatte angeblich den Schwarzen Gürtel in mehreren asia-
tischen Kampfsportarten, noch bevor sie 20 war. Das war in den 1980er- und
1990er-Jahren nicht gerade das, was man von einer afghanischen Frau erwartete. Khatols Aufbegehren innerhalb einer Kultur, die für Mädchen und Frauen
generell vorsieht, sich unterzuordnen, begeisterte mich, da ich für ungestüme
Charaktere wie sie etwas übrig habe.

In ihrer dreißigjährigen Laufbahn als Fallschirmjägerin hat Generalin
Khatol fast sechshundert Sprünge absolviert; ihre gewagten Flüge am Himmel
gehörten früher zu den Attraktionen der Neujahrsfeiern und der Parade zum
Unabhängigkeitstag (am 19. August, dem Jahrestag des britisch-afghanischen
Vertrags von 1919) in Kabul. Ende der 1980er-Jahre heiratete sie einen Soldaten, und kaum ein Jahr danach, gerade einmal vierzig Tage nach der Geburt
ihres ersten Sohnes, wurde sie zur Witwe, als ihr Mann in den Kämpfen während der sowjetischen Besatzungszeit fiel. Oft genug war sie selbst vom Tode

Gemeinsames Foto nach dem Interview mit
Generalin Khatol (rechts)

bedroht, überlebte Gefangenschaft, einen Giftanschlag und einen Sprung, bei dem sich ihr Fallschirm nicht öffnete und sie schwerverletzt nur knapp davonkam. Je mehr ich von ihr gehört und gelesen hatte, desto sehnlicher erwartete ich das persönliche Zusammentreffen mit dieser lebenden Legende.

Die verschachtelten Wohnblocks im Kabuler Stadtteil Macrorayan, in dem Khatol Mohammadzai heute wohnt, wurden in den 1980er-Jahren von den Sowjets errichtet. Die Mauern der düsteren Gebäude sind noch voller Kugeleinschläge und erzählen von den Grausamkeiten der sowjetischen Besatzungszeit, nach der für die Afghanen nichts mehr so war wie zuvor. Hinter einer doppelt verriegelten Tür aus schwarzem Stahl präsentierte sich soldatisches und privates Leben im Gleichgewicht; die Wohnung im dritten Stock erschien wie ein Museum der Lebensleistung ihrer Bewohnerin. Eine hochgewachsene, selbstsichere, aber bescheidene Frau empfing mich. Unkonventionell, aber modisch in einem langen schwarzen Samtkleid mit Goldstickerei und einem schwarzen

Kopftuch aus dünnem Chiffon, das ihre Stirnhaare freiließ, stand Khatol Mohammadzai im Flur ihres 3-Zimmer-Apartments vor mir. Sofort fielen mir ihre langen, rotlackierten Fingernägel auf; ich kannte sie schon von Bildern her, die ich auf meinen Recherchen gefunden hatte, und fand sie spektakulär. Wir setzten uns auf den traditionellen roten Afghanenteppich und sie schenkte mir mit sicheren, eleganten Gesten grünen Tee mit Kardamom ein. Süßes Gebäck stand schon bereit. Hier in ihrem Zuhause war sie Mutter, Schwester und Tochter und erledigte die Hausarbeit: »Zu Hause bin ich keine Generalin«, lächelte sie sanft und sah dabei gar nicht nach stahlharter Soldatin aus.

Der Vitrinenschrank in der Ecke des Wohnzimmers voller militärischer Trophäen erzählte von einem anderen Leben: Vergoldete Plaketten, Fotografien, Diplome verschiedener Luftwaffeneinheiten sowie Auszeichnungen für ihre Einsätze als Fallschirmjägerin waren zu sehen. Stolz berichtete Khatol von ihrem Sieg bei einem internationalen Fallschirmjägerwettkampf. »Das war 2004 in Kabul, bei der Feier zum Unabhängigkeitstag. Ich war die einzige weibliche Teilnehmerin und habe alle 35 männlichen geschlagen.« Dann fügte sie hinzu: »Die einprägsamste offizielle Feier aber war für mich – und wohl für ganz Afghanistan – das erste Neujahrsfest nach dem Sturz der Taliban im Nationalstadion.« Das war am 21. März 2002 – das traditionelle afghanische Jahr beginnt mit dem ersten Frühlingstag – und noch vier Monate zuvor hatten die Taliban im selben Stadion Menschen enthauptet und gesteinigt. »Ich nahm ein halbes Dutzend Tauben mit, die ich während des Sprungs über dem Stadion freilassen sollte. Da stand ich also in einem offenen Hubschrauber und brauste endlich wieder über Kabul dahin, nach so vielen Jahren – es war ein fantastisches Gefühl. Was ich vorhatte, hatte noch nie eine Frau in Afghanistan getan. Mein Fallschirm war knallbunt, und nachdem ich die Tauben freigelassen hatte, nahm ich den Koran in eine und die Nationalflagge in die andere Hand«, erinnerte sie sich fröhlich. »Sehr eindrucksvoll und symbolisch.« Leider hatte der Pilot das Ziel nicht richtig angesteuert, und Generalin Khatol landete mehrere Kilometer von den wartenden Zuschauern entfernt. Anstatt schamerfüllt davonzuschleichen, improvisierte sie als gute Soldatin, nahm ganz einfach ein Taxi und lief zwanzig Minuten später, den Fallschirm unter dem Arm, im Stadion ein. Die Menge tobte. »Dieser Jubel hat mir zum ersten Mal wieder das Gefühl vermittelt, lebendig zu sein. Ein neues Leben hatte begonnen – für mich und für das ganze Land. Wir waren alle vereint an diesem Tag«, schwelgte sie. »Ich wollte der Welt unbedingt zeigen, dass Afghaninnen anderen Frauen an Mut und Findigkeit nicht nachstehen.«

Unter der Terrorherrschaft der Taliban saß Khatol wie alle Frauen zu Hause fest, war allerdings keineswegs untätig. Sie unterrichtete heimlich die Kinder, vor allem die Mädchen der Nachbarschaft. Außerdem schrieb sie Gedichte. Die Weiten der weißen Papierblätter wurden für sie zur Zuflucht vor den Sorgen und Nöten des unterdrückten Landes und ihres eigenen Eingesperrtseins. Um zu überleben und die Familie zu ernähren, fertigte sie in Heimarbeit Perlenketten und erledigte Näharbeiten. Bezahlt wurde mit allem, was gerade zu haben war – einer Flasche Speiseöl, einem Sack Mehl, manchmal auch mit Reis oder Zucker. Anders als viele afghanische Soldaten blieb sie jedoch immer im Land und weigerte sich, ihr geliebtes Afghanistan im Stich zu lassen. Selbstbewusst rekapitulierte sie: »Ich ließ mich durch Bombenanschläge, Plünderungen, Schüsse und Tote nicht entmutigen. Ich habe 19 Familienmitglieder in diesen schrecklichen Kriegen verloren und wurde in meiner eigenen Heimatstadt zum Flüchtling. Immer wenn die Häuserkämpfe sich zu nahe an uns heranfraßen, packten wir und flohen aus dem Viertel. Alle versuchten damals, einfach nur zu überleben.«

Zwei Jahre nach dem Sturz des Taliban-Regimes, 2003, konnte Khatol die Uniform, die ihr so viel bedeutete, endlich wieder anlegen. In all den Jahren, in denen sie als Frau praktisch unter Hausarrest gestanden hatte, war sie ihre Sprünge immer wieder im Kopf und auf dem Papier durchgegangen, hatte detaillierte Zeichnungen und Höhendiagramme angefertigt, und war jetzt im Nu wieder in Höchstform als Fallschirmjägerin. Sie wurde vom Oberst zur Brigadegeneralin befördert und erhielt die Schulterstücke später persönlich durch den damaligen Präsidenten Hamid Karzai.

Zu Anfang ihrer Laufbahn als Soldatin wurde sie aufgrund ihrer Qualitäten als Fallschirmjägerin und an der Waffe, wo sie den meisten Kameraden überlegen war, schon bald als Ausbilderin eingesetzt. Doch die schnelle Karriere bei der Armee brachte Khatol nicht nur Anerkennung ein. Einen Fallschirmunfall in den 1980er-Jahren fasst sie bis heute als frauenfeindlich motivierten Anschlag auf ihre Person auf. Der Hauptschirm öffnete sich nicht richtig und sie geriet in einen lebensgefährlichen Spin. Mit trainierten Reflexen und angeborener Kaltblütigkeit öffnete sie den Hilfsschirm und konnte den Sturz noch abfangen, brach sich beim Aufschlag aber mehrere Rippen, das Handgelenk und ein Bein und renkte sich Schulter und Ellenbogen aus. Sie glaubt, dass ein männlicher Kamerad ihren Schirm aus Neid sabotiert habe. Die Vorwürfe wurden nicht ernst genommen; es gab nie eine Untersuchung. Außerdem sei sie vor wenigen Jahren nur knapp einem Anschlag im Verteidigungsministerium entgangen. »Zweimal war mein Essen vergiftet«, sagte sie und fügte ironisch hinzu, »ich habe jetzt einen Vorkoster.« Außerdem habe einmal ein vergifteter Nagel in ihren Stiefeln gelegen. Viele Soldaten lehnten sie ab, einfach weil sie eine Frau sei, die noch dazu im Rang über ihnen stehe. »Manche hassen mich auf den Tod. Andere nennen mich bloß ›hässliche Lesbe‹«, lachte sie. »Wissen Sie, vor vierzig Jahren war dieses Land wesentlich zivilisierter als heute. In der Politik ging es längst nicht so grob und hasserfüllt zu, und Frauen wurden respektiert, wenn sie sich für eine Aufgabe qualifizierten.«

In den 1970er- und 1980er-Jahren mussten afghanische Frauen kein Kopftuch tragen und durften auch Arme und Beine unverhüllt lassen. In der Hauptstadt Kabul, damals eine wunderschöne, kosmopolitische Metropole, sah man nur wenige verschleierte Frauen. Die weltoffenen Kabulis hatten es geschafft, die moderne wie die traditionelle Seite ihres Lebens in ein Gleichgewicht zu bringen und waren dem Neuen gegenüber aufgeschlossen, ohne ihre religiösen und kulturellen Wurzeln aufzugeben. »Heute dagegen werden Frauen, die sich in der Aufbauarbeit nach der Katastrophe engagieren, in die egoistische, machtgierige, korrupte Männer das Land gestürzt haben, unterdrückt, bedroht und mit verleumderischen Skandalvorwürfen ins Exil getrieben. Wenn sie nicht aufgeben, werden sie entführt, vergewaltigt, zusammengeschlagen oder sogar umgebracht.« Sie schaute mir in die Augen und sagte ernst: »Seien Sie nur vorsichtig, mein Kind. Aber lassen Sie sich auch nicht einschüchtern. Konzentrieren Sie sich nur ganz auf Ihre Arbeit.«

»Früher«, klagte sie, »wurden Frauen längst nicht so offen diskriminiert wie heute.« Ihr Wertekodex, der von ihrem soldatischen Pflichtgefühl und der Loyalität zu den Streitkräften geprägt wird, hielt Khatol davon ab, ihre Vorgesetzten zu kritisieren, aber langsam scheint sie es müde zu sein, zu den Hunderten Fällen von Frauendiskriminierung zu gehören, die, so glaubt sie, der Hauptgrund für das drohende Scheitern Afghanistans sind. »Nur vereint« könne Afghanistan bestehen und Jahrzehnte des Kriegs und Unglücks überwinden, ist sie überzeugt. »Nur wenn Männer und Frauen Seite an Seite arbeiten, können wir Afghanistan wieder aufbauen.«

Ihre beruflichen und gesellschaftlichen Verpflichtungen sind so weitreichend, dass sie ein regelrechtes Terminmanagement braucht. »Ich wollte schon immer für die Menschen arbeiten«, so Khatol. »Ih-

» UNSERE PFLICHT ALS MENSCHEN IST DOCH, DEN MENSCHEN ÜBERALL AUF DER WELT ZU HELFEN, WOHER AUCH IMMER SIE KOMMEN, UND OB MANN, FRAU ODER KIND. NICHT NUR IN AFGHANISTAN. DIE MENSCHHEIT – DAS SIND WIR ALLE. «

nen zu helfen, ist farz für mich.« Farz bezeichnet im Islam eine religiöse Verpflichtung, eine Berufung durch Allah. »Unsere Pflicht als Menschen ist doch, den Menschen überall auf der Welt zu helfen, woher auch immer sie kommen, und ob Mann, Frau oder Kind. Nicht nur in Afghanistan«, betonte sie entschlossen, »die Menschheit – das sind wir alle.« In einer entscheidenden Rolle dabei sieht Generalin Khatol auch die Medien. Sie findet, die Fernsehsender des Landes sollten sich, durchaus im Rahmen der Traditionen, mit positiven Botschaften gezielt für Weltoffenheit, persönliche Selbstbestimmung und gegenseitigen Respekt unter der afghanischen Bevölkerung einsetzen. Stattdessen, so klagte sie, »überschütten sie die Leute mit wertloser Unterhaltung und stellen sie ruhig. Wer unwissend ist, lässt sich am leichtesten beherrschen, besonders, wenn er kaum Schulbildung mitbringt«, sagte sie in ihrer charakteristischen direkten Art und bezieht sich dabei auf die Analphabetenquote Afghanistans, eine der höchsten der Welt. »Wenn ich die Macht hätte, in diesem Land etwas zu bewegen, würde ich zunächst jeglichen Extremismus bekämpfen. Dann müsste Afghanistan aufhören, um Almosen zu betteln, und seinen eigenen Wiederaufbau in die Hand nehmen, Stadt für Stadt, Provinz für Provinz. Stattdessen ertrinken Afghanen als Flüchtlinge elend im Meer. Warum?« Organisierte Schleuser, erregte sie sich, lockten die Gebildeten und Wohlhabenden mit dem Versprechen auf eine bessere Zukunft aus dem Land. »Das ist ein blühendes Geschäft heutzutage. Aber wir brauchen die Gebildeten im Land. Nur mit ihnen schaffen wir den Wiederaufbau. Ich bete jeden Tag und danke den ausländischen Kräften für die Hilfe, die sie meinem Land geleistet haben. Die Afghanen selbst haben einfach zu wenig getan«, meinte sie bitter.

Trotz aller Fortschritte auf dem Weg zur gesellschaftlichen Gleichstellung – Frauen können sich in

> DIE WELT HAT AFGHANISTAN WIRKLICH MEHR HILFE GELEISTET, ALS MAN ERWARTEN KONNTE; JETZT MÜSSEN DIE AFGHANEN ENDLICH SELBST ANFANGEN, ERNSTHAFT AM WIEDERAUFBAU ZU ARBEITEN. ES IST ZUM GLÜCK NOCH NICHT ZU SPÄT – EIN AFGHANISCHES SPRICHWORT SAGT, ›DER FISCH IST IMMER FRISCH, EGAL, WANN MAN IHN FÄNGT. «

Afghanistan als Präsidentschaftskandidatin aufstellen lassen, sie können Ministerin werden, als Anwältinnen arbeiten oder als Sportlerinnen zu Wettkämpfen antreten und es gibt mittlerweile Hunderte von Mädchenschulen, die mit ausländischen Geldmitteln errichtet wurden –, weiß Generalin Khatol als engagierte Feministin aber auch, dass sich Gleichberechtigung letztlich weder mit Geld noch mit militärischer Gewalt durchsetzen lässt. »Sie können dieses Land nicht mit Geld in Ordnung bringen. Die Afghanen müssen einfach wieder lernen, wie man zivilisiert und menschlich miteinander umgeht. Die meisten Einwohner Kabuls benehmen sich wie Höhlenmenschen. Sogar die Exilafghanen, die wieder zurückgekehrt sind, um beim Aufbau zu helfen, sind zu korrupten Blutsaugern geworden. Wenn ich es geschafft habe, in einer Zeit des kompletten Zusammenbruchs, als wir absolut nichts hatten, bis zur Generalin aufzusteigen, dann sollte

Ein Foto aus glücklichen Tagen im aktiven Dienst: Khatol in Einsatz als Fallschirmjägerin

die heutige Jugend, sollten die Afghanen allgemein doch in der Lage sein, mit all den Mitteln, die uns gegeben worden sind, etwas zu bewerkstelligen«, so Khatols schonungslose Analyse.

Brigadegeneralin Khatol wurde inzwischen in den Innendienst versetzt. Sie trägt jetzt die Dienstbezeichnung einer »Stellvertretenden Direktorin« – *Deputy Director of Planning and Physical Training* – und organisiert aus einem kleinen Büro im Kabuler Verteidigungsministerium heraus die Frauensportmannschaften der Streitkräfte. Mit ihrer unverblümten Art hat sie sich unter ihren Vorgesetzten nicht nur Freunde gemacht, und deshalb, so glaubt sie, werde sie daran gehindert, ihre »eigentlichen Aufgaben als Generalin zu erfüllen« und sei deshalb auf diesem Posten gelandet. Im Land aber spricht man überall voller Respekt von der legendären und tüchtigsten Generalin in der Geschichte Afghanistans.

MARIAM SAFI

»Ich definiere mich nicht nur über die Geschlechterrolle. Ich bin in erster
Linie ein Mensch und in zweiter Linie eine Frau. Meine afghanische
Abstammung ist ein wichtiger Teil meiner Identität. Eine Frau zu sein, ist
ebenfalls ein Teil meiner Identität, es bestimmt meine Wahrnehmung, mein
Handeln und meine Ansichten, und es beeinflusst meine Arbeit, zur
Entwicklung meines Landes beizutragen.«
Mariam Safi

REPRÄSENTANTIN
DES WANDELS

M

ariam Safi wurde 1983 in Kabul geboren. Sie ist eine einflussreiche afghanisch-kanadische Wissenschaftlerin und Aktivistin. Ihre Forschung erstreckt sich auf die Bereiche Friedensarbeit, gewaltsamer Extremismus in Afghanistan, Rechtstaatlichkeit und Sicherheit. Bei ihrer Arbeit nimmt sie eine volksnahe und geschlechterspezifische Perspektive ein. Trotz der Schwierigkeiten, denen sie aufgrund ihres Status als Exilafghanin ausgesetzt war, hat sie sich im Land großes Ansehen erworben. Darüber hinaus ist sie auch in der internationalen Gemeinschaft zu großer Bekanntheit gelangt. Der Diplomatic Courier kürte sie zu einer seiner »Top Global Women« des Jahres 2014 für ihren Beitrag zur wachsenden Forschungsgemeinschaft in Afghanistan und für ihre strategieorientierte Forschung, die Einfluss nicht nur auf die afghanische Zivilgesellschaft und Entscheidungsträger in der afghanischen Regierung genommen hat, sondern auch auf die internationale Gemeinschaft.

Bei meinen Recherchen für dieses Buch stieß ich bei vielen Gelegenheiten auf Mariam Safis Namen, und auch unter den in Afghanistan lebenden Ausländern wurde oft von ihr gesprochen. Doch kam unsere erste Begegnung eher zufällig Anfang 2016 im Haus eines Freundes in Kabul zustande. Wir verstanden uns auf Anhieb, und ein paar Monate später taten wir uns schon zu einem humanitären Pilotprojekt zusammen. Seither sind wir gute Freunde.

Im Alter von fünf Jahren floh Mariam Safi mir ihrer Familie vor den Gräueln des Krieges. Nach einem Jahr in Pakistan emigrierten sie nach Kanada, wo sie sich dauerhaft ansiedelten. Dort machte Mariam ihren Bachelor in Politikwissenschaft, den sie später noch mit einem MA im Fach Internationale Friedensforschung an der University for Peace unter dem Mandat der Vereinten Nationen in Costa Rica ergänzte.

Mariam Safi spricht vor Teilnehmerinnen der
TEDxKabulWomen im Jahr 2015.

Safi ist Gründerin und Vorsitzende von DROPS, einer Organisation für Politikforschung und Entwicklungsstudien, die sich der Förderung demokratischer Werte in Afghanistan verschrieben hat. Die in diesem Sinne betriebene Forschung will politischen Entscheidungsträgern sinnvolle Alternativlösungen zu nationalen Problemen an die Hand geben. Außerdem möchte die Organisation ein Bewusstsein für frauenspezifische Themen schaffen und eine Rolle für Frauen im politischen Dialog einfordern.

Nach ihrer Rückkehr nach Kabul im Jahr 2010 initiierte und entwickelte Mariam Safi unter der Ägide von DROPS das erste von afghanischen Frauen verfasste wissenschaftlich begutachtete Fachblatt für öffentliche Politik. Daneben bietet sie im Rahmen des ebenfalls von ihr gegründeten Netzwerks »Forschungsmethodik und Genderblick«, des ersten Zusammenschlusses von Forscherinnen und Akademikerinnen in Afghanistan, Ausbildungsprogramme und Hilfe zur Selbsthilfe an. Das Netzwerk arbeitet für das Ziel, Frauen im politischen Diskurs mehr Präsenz und Gehör zu verschaffen. Einige ihrer lesenswerten Statements fasse ich hier zusammen:

INTERVIEW

WELCHEN HERAUSFORDERUNGEN BEGEGNET MAN IN AFGHANISTAN?

»Mein erstes Problem nach meiner Rückkehr war, mich wieder mit meinem kulturellen Erbe vertraut zu machen. Als Exilafghane nimmt man oft leichtfertig an, dass man sich mit der afghanischen Kultur und Lebensart auskennt. Aber wenn man dann zurückkehrt, erkennt man, dass man seine Kultur erst einmal wieder neu erlernen und zu seinen Wurzeln zurückfinden muss. Dieser Prozess braucht Zeit und ist nicht immer einfach. In meinem Fall wurde, da ich aus dem Westen kam, meine Identität als Afghanin angezweifelt, und ich musste mir das Vertrauen der örtlichen Bevölkerung hart erarbeiten. Mitunter bedeutete das, vorübergehend gewisse Beschränkungen meiner Rolle als Frau hinzunehmen, damit ich den Grundstein legen konnte für das, was ich später erreichen wollte. Ich musste mich also mit einer eingeschränkten Bewegungsfreiheit abfinden, darauf achten, wie ich meine Ansichten äußerte und wie ich meine Beziehungen pflegte. Wenn man aus dem Exil kommt, muss man afghanischer sein als die Alteingesessenen, um akzeptiert und gehört zu werden. Nach und nach gelingt mir das.«

DIE ZUKUNFT DER FRAUEN IN AFGHANISTAN

»Ich sehe die Zukunft für afghanische Frauen positiv. Staat und Gesellschaft haben seit 2001 viel erreicht. Sie haben die Rechte der Frauen und ihre Mitwirkung am öffentlichen Leben gesichert und auch im privaten Bereich die Belange der Frauen ins Licht gerückt. Es muss zwar noch viel getan werden, doch bin ich optimistisch, denn wir sind auf dem richtigen Weg. Wenn wir diesen Weg weitergehen, werden wir ein Umfeld schaffen können, in dem das Thema Frauenrechte und Mitwirkung vom Papier (wo es derzeit in vielen Situationen noch verharrt) zur konkreten Umsetzung bringen können.«

LÄSST SICH DIE GEISTESHALTUNG GEGENÜBER AFGHANISCHEN FRAUEN VERÄNDERN?

»Es ist möglich, doch werden mehrere Generationen der Aufklärung und Selbstkritik nötig sein, um dorthin zu gelangen. Wir stehen erst am Anfang der Anstrengungen und haben noch einen langen Weg vor uns, aber mit Geduld, Entschlossenheit und Ausdauer werden wir die herrschende Denkweise ändern. Doch sie wird sich auch automatisch ändern, sobald Afghanistan gefestigter ist, die Menschen Arbeit haben, die Existenzgrundlagen gesichert und die Grundbedürfnisse erfüllt sind und das Bildungsniveau steigt.«

TRADITIONEN IN AFGHANISTAN

»Alte Traditionen kommen nicht wieder, sie sind immer da. Mitunter nehmen sie eine andere Form an, aber in Afghanistan lassen sich Traditionen nur sehr schwer verändern, vor allem jene, die man zu verändern sucht, weil sie negative Auswirkungen auf die Bevölkerung haben. Manche afghanische Traditionen stärken die Frauen, andere schränken sie und ihre Entwicklung ein. Letzteres wird sich ändern, aber dafür werden Jahrzehnte der gesellschaftlichen Entwicklung ins Land gehen müssen mit Aufklärung und sozio-ökonomischem Fortschritt.«

HOFFNUNG UND ZUVERSICHT

»Hoffnung geben mir die jungen Frauen, mit denen ich im Zusammenhang mit unserem jährlichen Journal für Frauen und öffentliche Politik, bei Schulungen und im Netzwerk afghanischer Forscherinnen und Analytikerinnen zusammenarbeite. Die Hingabe, mit der diese jungen Frauen sich in unsere Studien, Schulungen und das Netzwerk einbringen, lässt mich hoffen, dass (a) meine Organisation und ich auf dem richtigen Weg sind und (b) diese jungen Frauen einmal Repräsentantinnen des Wandels sein und für sich selbst und ihr Land eine vielversprechendere Zukunft schaffen werden.«

SELBSTVERSTÄNDNIS

»Ich verstehe mich als Maklerin für junge afghanische Frauen. Ich möchte sie von meinen Erfahrungen profitieren lassen und sie bei der Erreichung ihrer Ziele unterstützen, indem ich ihnen so gut ich kann und mit allen Ressourcen meiner Organisation helfe, ihre Hürden zu überwinden. Mein Rat an die Jugend: Fallt nicht auf fragwürdige politische Strömungen herein, denkt kritisch nach und bleibt unparteiisch.«

HELDEN

»Meine Helden sind die Durchschnitts-Afghanen, die sich trotz des Chaos um sie herum bemühen, ein normales Leben zu führen, und das Beste aus der Situation machen in der Hoffnung, dass sie und ihr Land einer besseren Zukunft entgegengehen.«

LAILA HAMIDI

»Wenn mich die Leute im Fernsehen sehen, denken sie, es wäre mir alles in den Schoß gefallen. Die Jahre der Rückschläge und die Schwierigkeit, sich immer wieder aufzuraffen, sehen sie nicht. Es war und es ist immer noch harte Arbeit. Meine Botschaft an alle, die einem Traum nachjagen, lautet: Gebt bloß nicht auf, egal wie viele Menschen euch sagen, dass ihr es nicht schaffen werdet. Hört auf eure innere Stimme und folgt ihr mit Nachdruck!«
Laila Hamidi

AUS DER WELT DER BURKA ZUR TOP-STYLISTIN

L

aila Hamidi zählt in der Glamourwelt von Mode und Styling zu den ganz Großen. Die Visagistin und Stylistin, Jahrgang 1981, lebt mit Mann und Sohn in Düsseldorf. Ich kenne sie schon seit mehr als zehn Jahren. Sie ist die einzige Afghanin, die ich in Deutschland interviewt habe. Als ich sie damals als 21-Jährige bei einer Party mit Familie und Freunden kennenlernte, fielen mir sofort ihre positive Ausstrahlung und ihre Kämpfernatur auf. Sie wurde eine meiner besten Freundinnen.

Lailas Durchsetzungsvermögen und Rückgrat haben mich schon immer fasziniert. »Gib niemals auf!«, nach diesem Motto lebt die gestandene Geschäftsfrau. Ich konnte hautnah miterleben, wie diese wunderbare Frau beruflich immer erfolgreicher wurde. Nichtsdestotrotz war das Leben nicht immer leicht für Laila. »Ich habe nie vergessen, wo ich herkomme. Ich hatte so viele Hürden zu überwinden, der Erfolg wurde mir nicht auf einem Silbertablett serviert«, sagte Laila, als sie mir im Sommer 2016 auf dem braunen Ledersofa ihres stilvollen Wohnzimmers in Düsseldorf gegenübersaß.

Laila wurde in der zentralafghanischen Provinz Wardak geboren und wuchs in Kabul auf. Ihr Vater, der politisch und militärisch hohe Ränge bekleidete und die Polizeiakademie leitete, und ihre Mutter, Direktorin einer bekannten Mädchenschule in Kabul, gehörten in Afghanistan zu den oberen Zehntausend. Der Fokus der Familie lag auf Bildung, wie es in der gesamten afghanischen Oberschicht der Fall war.

Schweres Leid widerfuhr Laila zum ersten Mal im Alter von zwölf Jahren. Da starb ihre geliebte Mutter an Brustkrebs. »An dem Tag, an dem ich sie verlor,

Laila Hamidi vor ihrer Flucht aus Afghanistan Mitte der 1990er-Jahre

hat sich mein ganzes Leben verändert. Wenn du, während du aufwächst, nicht mehr die bedingungslose Liebe und Unterstützung einer Mutter hast, hinterlässt das in deinem Leben eine furchtbare, schmerzliche Lücke«, erklärte Laila und fügte noch hinzu: »Obwohl mein Vater mir viel Liebe und Unterstützung geschenkt und mir alles gegeben hat, was ich in meinem Leben brauchte, habe ich mich über Jahre hinweg danach gesehnt, sie wenigstens noch einmal für einen kurzen Augenblick bei mir zu haben.«

Mit fünfzehn Jahren floh Laila vor den Schrecken der täglichen Bombardements im Afghanistan der nach-russischen Zeit. Sie verkleidete sich als Krankenschwester, um den blutigsten Gefechten, die sich jemals in Kabul ereigneten, zu entkommen. »Meine letzten Erinnerungen an mein Leben in Afghanistan handeln nur noch von Krieg. Ich weiß noch, dass wir tagelang im Dunkeln in einem Zimmer saßen, und alles, was ich hörte, waren die Bomben und Raketen, die über unser Haus flogen«, erzählte Laila. Viele Familien brachten damals ihre Kinder außer Landes in Sicherheit. Auch Lailas Vater traf diese schwerste Entscheidung, die Eltern nur treffen können. Wie alle anderen hatte er die Hoffnung, dass wieder Frieden einkehren und die Jugend mit einer guten Ausbildung zurückkehren würde, um das Land wieder aufzubauen. Er vertraute sein jüngstes Kind, ein Mädchen im Teenageralter, einer Gruppe von Schleusern an, die sie nach Europa bringen sollten. Zusammen mit ihrem Vater nahm Laila den Bus von Kabul nach Islamabad in Pakistan. »Ich flog mit einem fremden Mann, den ich noch nie gesehen hatte, mit der Pakistan International Airline nach Amsterdam, wohin auch meine Schwester ein paar Jahre vorher geflüchtet war. Ich fühlte mich verloren und verängstigt, und ich hatte auch Angst vor den Polizisten dort. Ich sagte ihnen: ›Ich bin ein Flüchtling‹.« Nachdem sie drei Stunden auf dem Flughafen gewartet hatte, wurde Laila mit einem Taxi in ein Flüchtlingslager gebracht. Dort blieb sie fast einen Monat, bevor sie zu ihrer Schwester nach Rotterdam durfte. Hier fing sie ein ganz neues Leben an.

Der Alltag kehrte ein, und Laila schrieb sich, nachdem sie die höhere Schule abgeschlossen hatte, an der Erasmus Universität in Rotterdam ein. Dort studierte sie Marketing und Wirtschaft. Sie heiratete einen Exilafghanen und zog zu ihm nach Deutschland. Um ihr Deutsch zu verbessern, suchte sie sich einen Job und arbeitete ab 2004 samstags bei einer Parfümeriekette. Sie packte Geschenke ein, sortierte und wischte die Regale. Schon von Kindesbeinen an hatte Laila ein Faible für Mode und Make-up. Und so fand sie schließlich, immer wenn sie samstags zur Arbeit ging, ihre eigentliche Berufung.

Von da an wusste sie genau, was sie mit ihrem Leben anfangen wollte, und sie orientierte sich völlig neu. Ganz allein brachte sie sich alles bei, was man über Make-up und Styling wissen muss. Sie machte ihr Hobby zum Beruf und wurde als Autodidaktin eine Meisterin ihres Fachs. 2011 trat sie zusammen mit Dutzenden anderer Visagistinnen aus ganz Deutschland bei einem renommierten Make-up-Challenge von Dior an und gewann den ersten Platz. Schritt für Schritt arbeitete sie sich hoch in die Liga der Top-Stylisten Deutschlands. »Ich erzähle gern von meinen Anfängen. Die jungen Leute sollen wissen, dass mir nicht alles einfach so zugeflogen ist. Es war und ist immer noch harte Arbeit. Wenn mich die Leute im Fernsehen sehen, denken sie, es wäre mir alles in den Schoß gefallen. Die Jahre der Rückschläge und die Schwierigkeit, sich immer wieder aufzuraffen, sehen sie nicht. Meine Botschaft an alle, die einem Traum nachjagen, lau-

> » AFGHANISCHE FRAUEN MÜSSEN ZUERST EINMAL SICH SELBST RESPEKTIEREN, UND ALS ZWEITES MÜSSEN SIE ANDERE AFGHANISCHE FRAUEN RESPEKTIEREN. SOLIDARITÄT IST DAS FEHLENDE BINDEGLIED. MÜTTER MÜSSEN IHREN SÖHNEN UND IHREN TÖCHTERN BEIBRINGEN, EINER FRAU RESPEKT ZU ZEIGEN. NUR DANN WIRD AUCH DIE AFGHANISCHE GESELLSCHAFT SIE RESPEKTIEREN UND IHR DIE IDENTITÄT ZUGESTEHEN, DIE SIE VERDIENT. «

tet: Gebt bloß nicht auf, egal wie viele Menschen euch sagen, dass ihr es nicht schaffen werdet. Hört auf eure innere Stimme und folgt ihr mit Nachdruck!«, sagt Laila Hamidi.

Auch wenn Laila heute durch die Welt jettet, um die Bedürfnisse ihrer High-Society-Kundinnen zu befriedigen, hat sie doch nie vergessen, woher sie kommt. Regelmäßig fliegt sie nach Afghanistan und hilft dort Frauen und Kindern. Sie unterstützt auch eine kleine NGO, die ich selbst vor zehn Jahren gegründet habe, HOFA e.V. (*Hope Foundation for Women and Children of Afghanistan*). Zu sehen, wie die afghanischen Kinder um ihre Kindheit betrogen werden und häufig sogar mit dem Leben für einen Krieg bezahlen, den sie nicht einmal begreifen, bricht ihr das Herz. Die afghanischen Straßenkinder, teilweise nicht älter als sechs Jahre, arbeiten oft bis spät in die Nacht. Wir beide konnten es mit eigenen Augen sehen, als wir uns im Frühjahr 2016 zur gleichen Zeit in Afghanistan aufhielten. Laila unterstützt darüber hinaus seit 2011 die DKMS, die Deutsche Knochenmarkspenderdatei, und in ihrer deutschen Heimatstadt Düsseldorf hilft sie seit 2015 afghanischen Flüchtlingen dabei, sich schneller in die deutsche Gesellschaft eingliedern zu können.

Als ich sie fragte, was sie über die Rechte afghanischer Frauen denkt und was sie sich diesbezüglich für die Zukunft erhofft, antwortete sie mit Entschiedenheit: »Afghanische Frauen müssen zuerst einmal sich selbst respektieren, und als Zweites müssen sie andere afghanische Frauen respektieren. Solidarität ist das fehlende Bindeglied. Mütter müssen ihren Söhnen und ihren Töchtern beibringen, einer Frau Respekt zu zeigen. Nur dann wird auch die afghanische Gesellschaft sie respektieren und ihr die Identität zugestehen, die sie verdient.«

Laila ist der festen Überzeugung, dass sich Mode in Afghanistan positiv auswirken kann. »Sie gibt Frauen Selbstvertrauen. Sie verleiht den unterschiedlichen Charakteren der Frauen eine Identität. Jeder Mensch hat ja auch ein anderes Naturell und einen anderen Geschmack. Trotz der Fortschritte auf diesem Gebiet gibt es immer noch sehr viel zu tun, und ich hoffe, ich kann in meiner Branche meinen Beitrag zum Erneuerungsprozess leisten«, erklärte Laila zuversichtlich.

Laila Hamidi ist das beste Beispiel dafür, wie weit Mut, Ehrgeiz und Zähigkeit einen Menschen bringen können. Sie lebt ihr Leben zwischen zwei Extremen, und die Welten, die sie für sich gewählt hat, könnten nicht weiter auseinanderliegen. Doch hat sie es geschafft, die beiden in Einklang zu bringen, indem sie als wichtige Brücke zwischen den Welten fungiert.

MANIZHA PAKTIN

»Ich zeige der afghanischen Jugend, wie sie ihre Rechte einfordern kann.
Mädchen können bestimmte Seminare nicht besuchen und manchmal nicht
einmal die Universität. Mädchen mit Schulbildung enden am heimischen
Herd, weil ihre Ehemänner es ihnen nicht erlauben, arbeiten zu gehen oder
zu studieren. Auf der anderen Seite sind wir auf dem Papier eine Demokra-
tie. Oft ist es sehr schwer für eine Frau, eine gute Stellung zu finden.
Das sind einige der Dinge, gegen die wir ankämpfen.«
Manizha Paktin

IM EINSATZ FÜR
AFGHANISCHE AKADEMIKERINNEN

E

ine starke Frau in einem männerdominierten Beruf kennenzulernen, war faszinierend für mich, besonders in einem Land wie Afghanistan. Ich traf Manizha Paktin, eine Professorin für Bauingenieurwesen an der Balkh Universität, in Masar-e Scharif im Norden Afghanistans. Die bodenständige alleinerziehende Mutter von zwei kleinen Jungen kam 1982 in Kabul zur Welt. Paktin hat für alle ihre Studenten eine wichtige Vorbildfunktion und ist auch innerhalb der Geschäftswelt von Nord-Afghanistan eine respektierte und hoch angesehene Führungskraft. Neben ihrer Arbeit als Professorin leitet sie das RAD Bauunternehmen, das fast 40 Arbeiter beschäftigt und an die 50 Schulen mehrere Kliniken, Brücken und Straßen in der Region gebaut hat.

Als passionierte Kämpferin für die Chancengleichheit der Geschlechter hat Paktin eine Organisation gegründet, die sich *Stand up for Afghan Academic Women* nennt und Frauen helfen will, sich in den afghanischen Kommunen zu behaupten. »Wir organisieren in unserer Gegend Workshops und Schulungen, in denen weibliches Fachwissen an Schul-, College- und Universitätsabsolventen weitergegeben wird«, erklärte Paktin. Darüber hinaus ist sie Programmkoordinatorin der *Rising Afghan Women Leaders Initiative* (RAWLI) des *International Centre for Afghan Women's Economic Development*, einer Initiative zur Förderung von weiblichen Führungskräften.

Als bestens ausgebildeter Sprössling eines Diplomaten und einer Journalistin ist es kein Wunder, dass Patkin den unkonventionellen Berufsweg der Bauingenieurin gewählt hat. »Als ich noch ein Kind war, brachte mein Vater drei Ingenieure, zwei Männer und eine Frau, mit nach Hause, die auf einer Baustelle arbeiten sollten. Ich erlebte mit, wie die Frau eine Routinearbeit erledigte, zu der ihre männlichen Kollegen nicht imstande waren. Da erkannte ich, dass Frauen stark sind, und von dem Augenblick an träumte ich davon, Bauingenieurin zu werden«, erinnerte sich Paktin mit Stolz.

Seit dieser Zeit kämpft Manizha Paktin mit Nachdruck dafür, die Ansichten der Afghanen über Frauen und ihre Rolle in Wirtschaft und Gesellschaft zu verändern. Mit ihren unermüdlichen Anstrengungen, die Tabus und kulturellen Schranken für einen männerdominierten Beruf (Bauwesen) in einer männerdominierten Gesellschaft umzustoßen, ist Paktin ein echtes Symbol der Hoffnung für die Jugend in der Region und für ganz Afghanistan. Es ist ein Einsatz für eine neue Generation qualifizierter Frauen, die, nach ihren Worten, »sich durchaus mit ihren männlichen Kollegen messen können und häufig sogar besser sind als sie«. Es folgen einige ihrer Standpunkte und Stellungnahmen.

Starke Frau in der männerdominierten Baubranche: die Bauingenieurin Manizha Paktin

INTERVIEW

WELCHEN HERAUSFORDERUNGEN BEGEGNET MAN IN AFGHANISTAN?

»In einem männerdominierten Land wie Afghanistan eine Frau zu sein, ist eine große Herausforderung. Ich habe in meinem Privatleben viele Opfer gebracht, für meine Arbeit und für meine Kinder. Ständig kommen Drohungen aus allen Bereichen der afghanischen Gesellschaft, ich solle aufhören zu arbeiten. Mir macht es große Freude, mich für junge Menschen und speziell für afghanische Frauen und Mädchen einzusetzen und ihnen zu helfen, sich weiterzuentwickeln. Ich liebe meinen Beruf, der darin besteht, jungen Menschen etwas beizubringen, an der Universität und auf den Baustellen. In den letzten zwei Jahren hat sich die Sicherheitslage verschlechtert, und das ist in unserem Land zu einem echten Problem geworden.«

DIE ZUKUNFT DER FRAUEN IN AFGHANISTAN

»Sicherheit ist das Hauptproblem für die Zukunft der afghanischen Frauen und der Afghanen im Allgemeinen. Ohne Frieden ist eine Zukunft für die Afghanen überhaupt schwer vorstellbar. Natürlich ist Bildung und Wissen für afghanische Frauen extrem wichtig, und es ist eine Notwendigkeit, das bisher Erreichte zu abzusichern. Seine Bewahrung ist ungemein wichtig. Frauenrechte sind Menschenrechte. Afghanische Frauen müssen sich mit sehr viel mehr herumquälen als der Rest der Welt. In einem Land wie Afghanistan kämpfen sie an so vielen Fronten gleichzeitig.«

LÄSST SICH DIE GEISTESHALTUNG GEGENÜBER AFGHANISCHEN FRAUEN VERÄNDERN?

»Das ist sehr schwierig, besonders in einem Land wie unserem. Aber wir können es schaffen, es braucht einfach seine Zeit. Ich glaube wirklich, dass die internationale Gemeinschaft uns sehr geholfen hat. Die Dynamik lässt sich nicht mehr aufhalten. Frauen brauchen sehr viel Unterstützung und Hilfe, wir müssen also mit unseren Anstrengungen fortfahren und noch mehr tun, und dann werden wir einen dauerhaften Wandel erleben.«

RUBABA MOHAMMADI

»Ich möchte allen Mut machen, die eine Behinderung haben
und die glauben, dass sie ihre Träume unmöglich erfüllen können.
Ich sage ihnen: ›Es ist möglich!‹«
Rubaba Mohammadi

NICHTS IST UNMÖGLICH

D

utzende von SMS von Afghanen aus der ganzen Welt baten mich im Frühjahr 2016, Rubaba zu unterstützen, eine junge Afghanin mit einem erstaunlichen künstlerischen Talent, das man einem Mädchen mit schwerer Körperbehinderung auf den ersten Blick vielleicht nicht zutrauen würde. Die Nachrichten waren mit einem Link zu einem TV-Report in Dari versehen, der über das lebensfrohe Talent berichtete. Als ich mir die Geschichte dieses unglaublich kraftvollen jungen Mädchens ansah, brach ich in Tränen aus. Ich hatte die Liste der Protagonistinnen für dieses Buch zwar schon geschlossen, fand aber, dass ihre inspirierende Geschichte unbedingt erzählt werden müsse, vor allem den jüngeren Lesern, die ich mit meinen Porträts motivieren möchte.

Rubaba wurde 2001 in der Provinz Ghazni im Südosten Afghanistans geboren. Nachdem ich wieder einmal dank meines gut funktionierenden Netzwerks in Kabul Kontakt zu ihrem Bruder hergestellt hatte, fuhr ich zu unserem Treffen zu dem zweistöckigen Haus ihrer Familie. Das lebhafte und witzige Mädchen, dem ich bald in dem schlichten Wohnzimmer gegenübersaß, überwältigte mich schlichtweg.

Von den sechs Kindern der Familie ist Rubaba das einzige mit einer Behinderung. Sie kann weder ihre Arme noch ihre Hände bewegen und hat nur wenig Kontrolle über ihre unterentwickelten Beine und Füße. Trotzdem hat sie mithilfe ihrer jüngeren Schwester Shakila zu Hause lesen und schreiben gelernt. Seit ihrer Geburt muss Rubaba sich von ihrer Familie beim An- und Ausziehen, Waschen, Essen und auf der Toilette helfen lassen. Dass sie so vollständig auf fremde Hilfe angewiesen ist, bereitet ihr ganz offensichtlich großen Kummer. Die meiste Zeit ihres Lebens hat Rubaba innerhalb der eigenen vier Wände zugebracht. Von ihrem Vater erfuhr ich, dass die Familie sie nicht zu größeren Zusammenkünften oder Feiern mitnehmen kann – aus Angst vor den Auswirkungen, die die vielen Blicke und womöglich sogar Beleidigungen und Schikanen auf das Mädchen haben könnten. Im Beisein ihrer Familie, die während des Interviews immer anwesend war, erklärte Rubaba mir, dass einer ihrer vielen Träume sei, niemals mehr auf irgendjemanden angewiesen zu sein.

Nachdem die Ärzte Rubaba keine Heilungschancen mehr gegeben hatten, musste ihr Vater, ein Bauarbeiter ohne Schulbildung und die größte Stütze seiner Tochter, sich etwas ausdenken, um sie moralisch aufzurichten. Als sie ein Interesse am Zeichnen erkennen ließ, besorgte er sofort Stifte und Papier und ermunterte sie jeden Tag, mit den Füßen zu malen. Rubaba gab sich große Mühe, doch es gelang ihr nicht. Allerdings ließ sich das tapfere Mädchen davon nicht unterkriegen. Das Wort »unmöglich«, betonte sie, möchte sie in ihrer Gegenwart nicht hören. Noch am gleichen Tag versuchte Rubaba also, mit dem Mund zu malen. Sie klemmte sich den Stift ganz fest zwischen die Zähne. Und am Ende funktionierte es. Sie mobilisierte Kräfte, wie sie in ihrer Familie und ihrer Umgebung noch niemand erlebt hatte. Sie setzte eine Leidenschaft und ein Talent frei, über die man nur staunen kann.

Stolz führte Rubaba mit ihren Füßen ihre unglaublichen Tippfähigkeiten vor. Ihre kleinen Zehen bewegten sich mit Lichtgeschwindigkeit über die Tasten ihres Laptops, während sie ihre Fanpost beantwortete und mit ihren Freunden in den sozialen Netzwerken chattete. Als ich sah, wie sie ohne fremde Hilfe ein Glas Tee hochhob und trank und später auch mit den Füßen aß, wurde mir einmal mehr bewusst, dass nichts unmöglich ist. »Wenn du es wirklich willst, dann schaffst du es auch!« ist für Rubaba ein Lebensmotto geworden.

> **ICH BIN EWIG DANKBAR FÜR DIE GROSSE UNTERSTÜTZUNG AUS DER GANZEN WELT, DIE MIR SO SEHR GEHOLFEN UND MICH WEITER ANGESPORNT HAT.**

Mit dem Zeichnen und Malen angefangen hat Rubaba, indem sie Cartoons der berühmten Disney-Prinzessinnen abgemalt hat. Eines Tages versuchte sie es dann mit Porträts. Auch wenn sich das mitunter als ausgesprochen schwierig und frustrierend erwies, wusste Rubaba, dass sie ihre Berufung gefunden hatte. Indem sie sich ganz dem Zeichnen hingab, entfesselte sie eine Kraft, die sie all die Beschwerlichkeiten vergessen ließ, denen sie in jeder Sekunde ihres Lebens ausgesetzt ist. Kunst wurde ihr Rettungs-

Im Austausch mit der jungen Künstlerin
Rubaba Mohammadi (links)

anker und der Funke ihrer Hoffnung. »Ich wusste, dass diese neue Leidenschaft für mich Therapie und Freiheit bedeutete«, sagte Rubaba.

Anfangs nahm ein Freund der Familie das Mädchen künstlerisch unter seine Fittiche, doch seit 2014 hat sie sich in Eigeninitiative zu einer fantastischen Porträtzeichnerin entwickelt. Inzwischen hat sie eine Kunstlehrerin, die zu ihr nach Hause kommt und sie unentgeltlich unterrichtet. Jeden Tag übte sie unermüdlich, und nachdem sie schon ein kleiner Medienstar war, hat sie dann Mitte 2016 zum ersten Mal überwiegend ohne fremde Hilfe angefangen, mit Farben zu malen. »Es gab eine Zeit, da spielte das Wort ›unmöglich‹ in meinem Leben noch eine Rolle«, berichtete sie. »Ich hätte wirklich niemals gedacht, dass ich tun könnte, was ich heute tue, und vor allem, dass ich so viel Freude daran haben würde. Aber im Lauf meines Lebens und mit meiner Behinderung habe ich festgestellt, dass, wenn man etwas wirklich will, alles möglich ist. Man muss nur hart daran arbeiten und darf einfach nicht aufgeben. Ich möchte allen Mut machen, die eine Behinderung haben

Eines von Rubabas Porträts zeigt Farkhunda Naderi, meine Interview-partnerin auf den Seiten 98 bis 101.

und die glauben, dass sie ihre Träume unmöglich erfüllen können. Ich sage ihnen: ›Es ist möglich! Wenn du es wirklich willst, dann schaffst du es auch!‹ Es gibt nur eine Voraussetzung: Ihre Familien müssen hinter ihnen stehen und sie voll unterstützen.«

Rubaba, so erinnerte sich ihr Vater, war immer schon ein aufgewecktes Kind, mutig und ohne Scheu, Personen, die sie aufgrund ihrer Behinderungen drangsalierten, freiheraus ihre Meinung zu sagen. Nachdem ein Journalist durch ein Internetforum, in dem Rubaba ihre Lebensgeschichte erzählt hatte, auf sie aufmerksam geworden war, wurde sie gleichsam über Nacht zum Star: Eine junge afghanische Künstlerin bricht trotz körperlicher Beeinträchtigungen eine ganze Reihe von Tabus in einer konservativen Gesellschaft, in der Behinderungen oft als Fluch angesehen werden – das war schon ein Phänomen. Afghanen und diverse NGO's aus der ganzen Welt boten scharenweise ihre Hilfe an: in Form von Rollstühlen, Farben, Lein-

wänden, privaten Weiterbildungsprogrammen und sogar einem Computer. Viele wollten ihre Werke ausstellen, und ein paar wollten auch ihre Bilder kaufen. »Ich bin ewig dankbar für die große Unterstützung aus der ganzen Welt, die mir so sehr geholfen und mich weiter angespornt hat«, sagte sie.

Rubaba empfindet große Bewunderung für Maryam Monsef, die erste afghanisch-stämmige Abgeordnete im kanadischen Parlament, eine der jüngsten Ministerinnen Kanadas (Ministerin für demokratische Institutionen) und ein ehemaliger Flüchtling. »Sie hat hart dafür gearbeitet, dorthin zu kommen, wo sie jetzt ist«, erklärte Rubaba. »Vor solchen Frauen habe ich großen Respekt, besonders wenn es afghanische Frauen sind, die dem Land in der Welt Ehre machen. Sie ist meine Heldin.«

Für mich ist Rubaba eine Heldin und das beste Beispiel für den Triumph des menschlichen Geistes über die Widerstände, denen wir Menschen mitunter ausgesetzt sind. Rubaba hat große Ambitionen entwickelt: Zum Beispiel würde sie gern ihre Werke im Aga Khan Museum in Kanada ausstellen, Englisch lernen und Computerkenntnisse erwerben. Doch träumt sie auch davon, alle ihre Bilder zu verkaufen, damit sie sich ein Auto und einen Chauffeur leisten kann. Damit will sie dann jeden Winkel Afghanistans erkunden. »Ich habe es satt, in der Ecke zu sitzen. Ich möchte raus aus diesem Haus, die Welt sehen und mir alle Wünsche erfüllen. Ein freies Leben ist ein wunderbares Leben!«, sagte sie entschieden.

Rubaba sehnt sich nach Frieden für Afghanistan. Zwar ist sie stolz auf ihre hazarische Herkunft, doch sagt sie auch: »Ich bin stolz, Afghanin zu sein. Ob Tadschiken, Paschtunen oder Hazara, wir sind alle in erster Linie Afghanen, und es ist unsere Aufgabe, unser wunderbares Land gemeinsam wiederaufzubauen.«

Genau wie bei jedem anderen Teenager gibt es auch bei Rubaba Streit mit ihrer Mutter Masuma, wenn die Tochter wieder einmal zu viel Make-up aufträgt. »Frauen sollten tun dürfen, was sie wollen, auch wenn es um Mode geht«, bekräftigte Rubaba. Obwohl sie eine so beherzte Lebenseinstellung hat, hängt sie doch immer noch ihrem alten Kindheitstraum nach: eines Tages so wie andere Kinder auf der Straße seilzuspringen. Auch wenn sich dieser Traum wohl nie erfüllen wird, so hat sie für sich selbst und mit ihrer Kunst schon so viel erreicht, nämlich jenen eine Stimme zu geben, die keine eigene Stimme haben.

TOOBA MAYEL

»Angst ist für mich kein Thema. In dem Augenblick, in dem ich anfange,
Angst zu haben, werde ich dieses Land verlassen. Ich werde niemals
mit Angst leben. Ich werde mich nicht selbst quälen. Ich habe die Situation
hier akzeptiert, mit allen Problemen, die sie mit sich bringt. Wenn man
hier arbeiten will, sollte man die Angst außen vor lassen. Wir müssen den
Menschen hier Hoffnung geben. Wenn wir schon in Angst leben,
was sollen dann erst die anderen machen?«
Tooba Mayel

DIE KRAFT DER HOFFNUNG

D ie in Kabul geborene Tooba Mayel ist Rechtsberaterin in Sachen Geschlechtergerechtigkeit. Sie leitet die Abteilung für Frauenschutzzentren bei der IDLO, der *International Development Law Organisation*, einer zwischenstaatlichen Einrichtung, die sich um eine Gerechtigkeitskultur bemüht. 1980, zu Beginn der sowjetischen Invasion, emigrierte die damals sechsjährige Tooba mit ihrer Familie in die Vereinigten Staaten. Dort wuchs sie als Exilafghanin auf und machte an der Universität von Arizona ihren Master in Pädagogik und Informatik. Danach trat sie verschiedenen gemeinnützigen Interessenvertretungen und weltweiten Institutionen bei. Ihr Fokus blieb immer auf Genderfragen gerichtet, und ihre Gedanken kreisten stets darum, wie sie etwas zurückgeben und am Wiederaufbau ihrer kriegsgeschundenen Heimat Afghanistan mitwirken könnte.

Ich lernte Tooba durch Vermittlung eines Freundes 2014 in Kabul kennen. Ihre starke Energie, als sie mit einem strahlenden Lächeln zur Tür hereinkam, war greifbar. Ich sah mich an jenem ersten Abend einer lebendigen, überaus intelligenten jungen Frau mit einem unglaublichen Sinn für Humor gegenüber. Sobald sie anfing, leidenschaftlich über ihre Arbeit und über Afghanistan zu sprechen, bekam sie leuchtende Augen. »Ich habe meine Muttersprache beibehalten und liebe und schätze alle Aspekte der afghanischen Kultur sehr, sei es die Kleidung, das Essen oder andere Traditionen. Ich setze sie alle in meinem Leben um. Es ist mir als wichtig, anderen jungen afghanischen Frauen Vorbild zu sein und ihnen zu helfen. Meine Arbeit für die IDLO widmet sich speziell Frauen und Mädchen, die Opfer von Gewalt sind. Dazu bieten wir von juristischer Seite aus Hilfe zur Selbsthilfe an. Wir bilden Anwälte aus, die diese jungen Frauen dabei unterstützen sollen, ihre Restriktionen zu überwinden, und sie vor Gericht vertreten. Das alles macht mich

> » ES IST MIR WICHTIG, ANDEREN JUNGEN AFGHANISCHEN FRAUEN VORBILD ZU SEIN UND IHNEN ZU HELFEN. «

als afghanische Frau aus«, erklärte sie mir.

Es war unübersehbar, wie sehr Tooba Mayel sich ihrem Land verbunden fühlte. Das ist für sie nicht einfach nur Arbeit, dachte ich damals sofort. Sie war genau da, wo sie hinwollte. Sie tat genau das, was sie im Leben tun wollte. Ich finde es faszinierend zu beobachten, dass einige junge Afghanen, trotz der widrigen Umstände im Land, zurückkehren und mit so viel Leidenschaft und Einsatz es sich zur Aufgabe machen, ihre Heimat wiederaufzubauen. Tooba ist dafür das beste Beispiel.

Der Erfolg ist ihr jedoch nicht einfach in den Schoß gefallen. Tooba hat sehr hart an ihrer bemerkenswerten Karriere gearbeitet, die ihr international zu höchstem Ruhm verholfen hat. Inzwischen kann sie auf eine Berufserfahrung von mehr als fünfzehn Jahren zurückblicken, zehn davon in Afghanistan. Vor dieser Zeit befasste sie sich von den USA aus mit Genderfragen in Zusammenhang mit der Gesetzgebung in Ländern wie Bosnien, Tadschikistan, Usbekistan, Kasachstan und Kirgisistan befasst und hat sich dabei einen Namen gemacht. Darüber hinaus war sie 2001 Mitbegründerin einer afghanisch-amerikanischen NGO *Afghans4tomorrow* (A4T), die noch heute in Afghanitan Projekte in Sachen Bildung und ökonomischer Entwicklung untestützt. Es folgen einige ihrer Stellungnahmen und Überzeugungen.

INTERVIEW

ÜBER DIE BEDEUTUNG, EINE FRAU ZU SEIN

»Natürlich hat dies eine große Bedeutung für mich, da es meinem Leben seinen Sinn verleiht. Ich bin ja in zwei Kulturen großgeworden und habe aus beiden starke Werte verinnerlicht, die meinen Charakter geprägt haben. Die westliche Kultur hat mir vermittelt, durchsetzungsfähig zu sein und auf eigenen Füßen zu stehen, für seinen Unterhalt nicht auf einen Ehemann angewiesen zu sein, sondern durch eine höhere Bildung gesellschaftlich und ökonomisch unabhängig zu sein. Aus meinen Erfahrungen innerhalb der afghanischen Kultur habe ich verinnerlicht, dass eine unabhängige Frau zu sein ein hohes Gut ist. Auch in meiner afghanischen Familie war das immer ein Grundwert. Die afghanische Kultur hat mich außerdem in den Bereichen Religion und Familienleben bestärkt, und so konnte ich zu einer Frau heranwachsen, die in puncto Berufsweg, Ausbildung und Familiensinn beste Voraussetzungen mitbrachte und auch aus dem Glauben lebt. Die Erwartungen sind in dieser Hinsicht an eine Frau höher als an einen Mann. Für mich ist eine Frau daher jemand, der alles kann, was ein Mann kann, sogar noch besser.«

TRADITIONEN

»Für mich sind Traditionen die Seele der afghanischen Kultur. Wenn wir Traditionen nicht praktizieren, feiern und aufrechterhalten, werden sich unsere afghanische Seele und Identität wandeln und vielleicht sogar untergehen. Gastfreundschaft ist beispielsweise eine hoch gelobte afghanische Tugend, und an den Feiertagen werden Gäste immer herzlich aufgenommen. Als Afghane muss man die Eigenschaften an den Tag legen, die einen mit anderen Afghanen verbindet. Traditionen sind die Zierde eines Afghanen, so wie es der Dress bei Sportstars und Balletttänzerinnen ist. Traditionen verstärken mein Werteverständnis und meinen Patriotismus, die ich gerne an meine Kinder weitergeben möchte.«

HERAUSFORDERUNGEN

»Herausforderungen kommen jeden Tag vor, vor allem im juristischen Bereich, in dem ich arbeite, und in den Frauenhäusern. Als Frau hat man es schwerer, in einer

patriarchischen Gesellschaft Ideen, Führungsansprüche oder Emanzipation geltend zu machen. Ich muss irgendwie damit zurande kommen, indem ich besonders
viel Verständnis und Geduld gegenüber den Defiziten des Landes aufbringe. Vieles
muss man auch unter dem Aspekt sehen, dass manche Menschen nur das Gesicht
des Krieges kennen. Geduld, Geduld und noch mehr Geduld, so kann man damit
umgehen. Auf der anderen Seite drehe ich bei beruflichen Fällen den Spieß meist
um, um die Rechte meiner Klienten geltend zu machen und ihnen eine Stimme zu
geben.«

HOFFNUNG

»Ich schöpfe Hoffnung aus dem Glauben an Gott und daran, dass er mir in jeder
Situation Liebe und Schutz zuteilwerden lässt. Ich glaube auch, dass ich Hoffnung
habe, weil ich ein starkes Vertrauen besitze. Und weil die Arbeit, die ich tue, der
Grund ist, warum ich hier auf Erden bin: um denen zu helfen, die in Not sind. Die
Gelegenheit dazu habe ich nicht nur all den Jahren der harten Arbeit und meiner
Ausbildung zu verdanken, sondern auch dem Segen des allmächtigen Gottes. Des-
wegen habe ich niemals aufgegeben und meine Träume wahr gemacht. Es klingt
wie ein Klischee, aber es ist wahr.«

INSPIRATION

Mein Vater ist meine größte Inspiration. Er hat uns zum Beispiel den Wert des
Geldes gelehrt, indem er uns unsere Ausbildung selbst finanzieren ließ, sodass wir
ihren Wert besser verstehen lernten. Der Sinn von Bildung besteht nicht nur darin,
das eine oder andere Diplom zu erwerben, es kommt darauf an, was du mit dem
erworbenen Wissen anfängst, wie viele Menschen du damit berührst und was du
in der Welt bewirkst. Ich habe mir einen Beruf ausgesucht, der für eine afghanische
Frau nicht üblich ist, aber ich habe trotzdem daran geglaubt, dass ich ihn genauso
gut ausüben kann wie ein Mann – oder sogar noch besser.«

RAT AN DIE JUGEND

»Jungen Menschen rate ich, eine Ausbildung zu machen und zu beenden – und das
unbedingt auf einem Gebiet, für das sie sich brennend interessieren! Denn das, für
das man brennt, macht man am besten. Neben dem Wissenserwerb halte ich das
Reisen für eine große Bereicherung. Es kann das Wissen und die Lebenserfahrung
noch ausweiten. Stellt euch immer wieder neue Herausforderungen und richtet
euch niemals bequem da ein, wo ihr gerade seid! Es gibt immer noch etwas Neues
zu lernen, etwas Neues zu sehen und zu erleben!«

Im intensiven Gespräch mit Tooba Mayel (links)
in ihrem Kabuler Büro

Anmerkungen: Die Fotos in diesem Buch wurden von der Autorin selbst gemacht, teilweise von den Interviewpartnerinnen und von anderen für dieses Buch mit Genehmigung zum Abdruck zur Verfügung gestellt. Angaben wie Geburtsdaten werden in Afghanistan nicht offiziell erfasst und aufgrund der hohen Variabilität der Daten ist es auch für große Institutionen wie die EU und die UNO nicht einfach, an korrektes Datenmaterial zu gelangen. Die Autorin hat die Fakten und Informationen mit so vielen Quellen wie möglich abgeglichen, dennoch kann es sein, dass sich teilweise anderslautende Angaben finden.

Ein herzliches Dankeschön an
Dr. Aziz Ahmad Atif
und der
National Fuel Corporation Ltd. Afghanistan
für die große Unterstützung der Autorin.

DANKSAGUNG

Mir dieses Buch allein als Verdienst anzurechnen, wäre all den wunderbaren Menschen gegenüber unfair, die mich auf dieser unglaublichen Reise begleitet haben. Zu allererst danke ich meiner Verlegerin **Dr. Elisabeth Sandmann,** die – vom Tag unserer ersten Begegnung an – an mich geglaubt hat. Danke, Elisabeth, für deine ungeheure Leidenschaft als Verlegerin und dafür, dass du mir die Freiheit gegeben hast, dieses Buch zu schreiben.

Ebenfalls danke ich dem fantastischen, liebenswerten **Team des Elisabeth Sandmann Verlags** für die Professionalität, die Ermutigung und die Zuneigung während der gesamten Dauer dieses Projekts. Ich danke meiner wunderbaren Lektorin **Eva Römer,** die mich mit ihrer kompetenten und sachlichen Art während des Schreibprozesses begleitet und in den letzten Monaten harter Arbeit meine Nerven beruhigt hat.

Ich danke den vielen **Freunden, Verwandten, Bekannten, Journalisten und Mediengruppen in Afghanistan** und andernorts dafür, dass sie mir mit so viel Engagement und Freundlichkeit geholfen haben, vor allem aber für ihre unbeschreibliche Gastfreundschaft und Warmherzigkeit. Mein ganz besonderer Dank geht an **Dr. Aziz Ahmad Atif** für seine enorme Unterstützung. Ich habe auch all jenen zu danken, die dafür gesorgt haben, dass ich während der gesamten Reise unversehrt und bei Verstand geblieben bin.

Ich danke **meinen Töchtern, meiner Familie und meinen Freunden,** die mich in den entscheidenden Phasen so geduldig und liebevoll aufgefangen haben. Ich wüsste wirklich nicht, wie ich das sonst überstanden hätte. Eure Liebe und Unterstützung bedeuten mir unendlich viel.

Zu guter Letzt danke ich **den vielen afghanischen Frauen,** die ich interviewt habe. Jede Einzelne von ihnen verdient meine Hochachtung, denn ihr Mut, ihre Ausdauer und ihre Unerschrockenheit sind unvergleichlich. Leider sind nicht alle interviewten Frauen in diesem Buch vertreten. Die Auswahl zu treffen, ist dem Verlag und mir sehr schwer gefallen.